SECRETS
DE FEMMES

DU MÊME AUTEUR

Psychiatrie du bébé : nouvelles frontières, Eshel, 1988.
Profession bébé, Calmann-Lévy, 1989.
Les Premiers Liens, avec T. Berry Brazelton, Stock/Laurence Pernoud-Calmann-Lévy, 1991.
La pratique des psychothérapies mères-bébés, avec F. Palacio-Espasa, PUF, 1993.

BERTRAND CRAMER

SECRETS DE FEMMES

De mère à fille

Calmann-Lévy

Je tiens à remercier les parents de Sofia, Gwen et Sabrina de m'avoir autorisé à publier l'histoire de leur cas.

ISBN 2-7021-2541-7

Introduction

Un jour, je reçois dans ma consultation une fillette âgée de douze mois. Maria a du mal à dormir. Cherchant des causes à son insomnie, sa mère se reproche d'avoir repris son travail, abandonnant toute la journée sa petite fille à une nounou. Voyant à quel point elle culpabilise, je lui demande pourquoi elle a choisi de retourner travailler alors que, financièrement, sa situation ne l'exige pas. Elle m'explique qu'il est impératif qu'elle exerce une activité extérieure : « Quand on est à la maison juste pour s'occuper des enfants, on devient inutile, on se perd, on n'est *personne* ! »

Aujourd'hui, beaucoup de femmes craignent ainsi de voir leur rôle de mère faire obstacle à leurs aspirations personnelles et professionnelles. Cependant, le jugement catégorique que porte la mère de Maria sur les femmes au foyer est excessif : pour elle, l'activité de mère revient à un effacement total de la personnalité. Comment Maria vivra-t-elle un tel dénigrement du rôle maternel ? Quelle image de mère en retirera-t-elle ?

Quelques années plus tard, de manière fortuite, un élément de réponse apparaît. Maria, alors âgée de sept ans, m'est à nouveau présentée, cette fois pour des difficultés scolaires. J'interroge la fillette sur son école, ses loisirs, sa vie, ses parents. Quand je lui demande ce que fait sa mère, elle a cette réponse lapidaire : « Rien. »

Sa mère avait finalement renoncé à sa carrière pour s'occuper de son foyer. À l'évidence, Maria se fait une idée très négative du rôle de mère au foyer (dans son esprit, sa mère ne fait « rien »), une perception qui n'est pas sans rappeler celle exprimée par sa mère, quelques années plus tôt : « On est *personne*. »

Mère et fille se retrouvent donc unies dans leur définition du rôle maternel par le vide. Cette homologie illustre un phénomène de *transmission* : la fillette adhère à l'image que la mère se fait d'elle-même. On est alors en droit de se demander si Maria, plus tard, ne se dépréciera pas de manière identique lorsque, à son tour, elle sera mère.

C'est précisément cette transmission d'une génération à l'autre de l'image de mère et de femme que nous nous proposons d'illustrer dans cet ouvrage : comment les mères font-elles de leurs filles de futures femmes ? Si l'héritage est incontournable, il véhicule néanmoins d'innombrables modèles propres à chaque famille.

Le rôle maternel en crise

Le rôle maternel ne va pas de soi ; il n'est pas instinctif. Avec l'accès de plus en plus de femmes à la vie professionnelle, la définition traditionnelle de la femme, chevillée à la maternité, a perdu de son attrait. C'est cette « désidéalisation » du statut maternel, liée aux mouvements de libération féminine, qu'illustre la mère de Maria, qui craint de devenir « personne » si elle arrête de travailler.

Nous assistons aujourd'hui à une crise de l'identité maternelle. Tiraillées entre les exigences de leur rôle de mère et leur carrière, de nombreuses femmes viennent me voir pour des symptômes présentés par leur enfant, certes, mais aussi pour évoquer leurs inquiétudes quant à leur compétence de mère.

Les effets de cette crise se font sentir dans les angoisses et les conflits marquant l'image d'elle-même qu'une mère transmet à sa fille. Les réponses que chacune façonne face à la carence de repères maternels infaillibles se révèlent au travers des échanges intimes qu'elle construit avec son enfant dès la naissance. Nous le verrons plus loin avec des exemples précis, la mère introduit chaque jour son bébé dans l'univers complexe de sa représentation du monde et dans son système de valeurs. Parmi ces valeurs, il en est une, capitale, qui concerne l'image qu'elle se fait de la féminité. Les soins les plus anodins qu'elle prodigue à sa petite fille permettent déjà d'esquisser la femme que ce bébé sera vingt ans plus tard.

Trois mères et trois filles

Pour illustrer mon propos, j'ai choisi de faire parler trois femmes avec leurs filles. Trois mères aux prises avec la tâche d'introduire ces dernières dans leurs vies de femme. Nous les verrons confrontées à une série de minidrames qui les oppose dans leur individualité et les unit dans leur condition de femme. Au cours des psychothérapies auxquelles elles participent avec leur enfant, nous verrons émerger leurs inquiétudes sous-jacentes. Leurs paroles seront rapportées avec leurs mots propres, enregistrés – avec leur consentement – lors des séances. Les minidrames ainsi recueillis, illustrés par les échanges verbaux entre les protagonistes, montreront comment s'établit la communication avec le bébé et le jeune enfant, d'abord par le comportement et par le jeu, puis par la parole lorsque la fillette prononce ses premiers mots.

Ces thérapies ont été entreprises à la demande des parents pour résoudre divers symptômes présentés par l'enfant – troubles du sommeil et de l'alimentation, mais aussi difficultés relationnelles : quelle discipline imposer lorsque l'enfant s'oppose ? Comment influencer les attitudes de l'enfant ? Que faire face à son agressivité ? Derrière les incertitudes et aspirations exposées, transparaît toujours une interrogation fondamentale : *comment faire de ces bébés des femmes ?* Et ce problème de fond, nous le verrons, oriente le comportement de la mère *dès la naissance*, qu'il s'agisse des gestes accompagnant l'alimentation, de la mise au lit, de la façon de toucher le bébé ou de lui parler. « On ne naît pas femme, on le devient », écrivait Simone de Beauvoir (9) [1]. Toute mère a conscience de sa responsabilité dans ce devenir, et s'en inquiète.

Les mamans de Sofia, Gwen et Sabrina nous exposent leurs difficultés d'être mère aujourd'hui, les problèmes posés par l'éducation de leurs filles et leurs interrogations relatives au statut de la femme. Lorsqu'elles sont encore au berceau, déjà leurs mères les nourrissent d'idéaux à réaliser ; quelques années plus tard, les filles, à leur tour, parlent de leur identité féminine. De chaque échange, de chaque attitude se dégage un projet éducatif qui révèle – à l'insu des protagonistes – une idée de la femme et de sa relation avec l'autre sexe. Sous le couvert banal de préceptes éducatifs, lorsqu'elles expliquent à leurs filles les ressorts de la vie, c'est tout un système conceptuel complexe qu'érigent ces mères.

1. Les chiffres entre parenthèses renvoient aux ouvrages cités dans la bibliographie, p. 237.

Les pères participent également à cette construction des représentations de la femme. Eux aussi se prononcent sans cesse, même par leurs silences, sur ce qu'ils attendent de leurs filles. À leur façon de les aimer et d'inspirer leur amour pour eux-mêmes, ils dessinent les contours de l'évolution future des relations hommes-femmes. L'étude des processus menant à l'identité de femme ne saurait donc être complète sans donner un poids égal à la contribution paternelle. Si j'ai choisi de privilégier la transmission mère-fille, c'est pour mettre en exergue la filiation de la *féminine* de la féminité. Les secrets que partagent une mère et sa fille font ressortir l'image de femme que la mère porte en elle, et qu'elle exprime dans le projet éducatif qui fera de sa fille la femme de demain. En outre, lors des thérapies, il m'est apparu que ces mères vivaient l'éducation de leurs filles de manière plus conflictuelle que les pères. Les symptômes déclarés par celles-ci ont contraint leurs mères à mettre au jour ce qu'elles attendaient d'elles et à révéler la manière dont elles les imaginaient accéder au statut de femme.

Construire son identité, la confronter et l'harmoniser avec celle des autres constituent bien l'un des défis majeurs de la vie. *Qui on est* s'apprend dès le berceau, *qui on devient* s'affine au cours d'échanges innombrables. La relation à son propre sexe et à l'autre sexe est fondamentale dans cette quête d'identité.

Dans le dernier chapitre, les trois mères révéleront comment elles enseignent à leurs filles les secrets de l'art de s'accommoder des hommes. J'espère que celles et ceux qui les liront s'inspireront de ces leçons de vie improvisées par les femmes qui ont bien voulu me les confier et trouveront, dans les interprétations que j'en propose, des clés pour déchiffrer les secrets qui les lient à leurs propres enfants.

1

L'histoire d'Antoinette et Gwen

ou

Comment enseigner le contrôle de l'appétit à un bébé

Pourquoi manger?

Pourquoi est-ce que je mange? Voilà bien une question que l'on ne se pose jamais, tant il nous semble que l'alimentation est une activité automatique, dictée par la biologie et régie par les besoins du corps. Ce n'est que lorsque se manifeste un freinage de l'appétit, ou, au contraire, son excès, que l'on prend conscience que se nourrir n'est pas seulement une activité autonome du corps comme la respiration, mais un comportement dépendant étroitement d'attitudes psychologiques.

Les troubles de l'alimentation sont très fréquents. Chez l'adulte, la tendance à l'excès alimentaire (et à l'obésité) est un problème courant, et ses conséquences sur la santé sont telles qu'on peut la considérer, aux États-Unis surtout, comme un véritable fléau, à l'image des grandes épidémies. On assiste aujourd'hui à une recrudescence des aberrations alimentaires dans notre société, la boulimie par exemple (souvent associée à des vomissements) et l'anorexie (dont la plus fameuse et redoutable est l'anorexie de la jeune fille pubère). C'est chez la femme que ces oscillations entre des phases de boulimie et d'anorexie sont les plus fréquentes.

Ces dérèglements existent depuis longtemps, mais ils

prennent à l'heure actuelle une nouvelle dimension, du fait de leur fréquence, bien sûr, mais aussi des changements affectant de façon subtile nos représentations imaginaires du corps (féminin surtout) et de la nourriture. Il suffit de songer à l'importance de l'industrie liée à la diététique, aux régimes et aux méthodes d'amaigrissement pour toucher du doigt la profondeur de cette préoccupation relative à l'alimentation et à ses effets sur l'aspect du corps.

S'il semble facile de comprendre les motivations de ceux qui mangent trop, le refus alimentaire, qui appartient au groupe des anorexies (étymologiquement ce mot signifie « manque d'appétit »), semble si antinaturel qu'il en devient scandaleux, mystérieux et irritant. La personne qui refuse de manger mobilise de fortes émotions chez ses proches, peut-être parce que, en indiquant sa volonté de ne pas se soumettre à l'appel naturel de la faim, elle échappe à ce qui l'identifie au reste des humains. Lorsque l'enfant refuse de manger, l'effet sur ses parents – surtout sur la mère qui le nourrit – est immédiat : celle-ci s'inquiète, puis s'insurge et se révolte contre ce qu'elle ressent comme une prise de pouvoir. L'enfant refuse par son anorexie de reconnaître une des plus grandes puissances de la mère, celle de lui fournir l'indispensable nourriture, source de gratification et de vie. Un enfant qui refuse la nourriture bafoue la plus haute autorité de sa mère. Il la défie dans la fonction qui, précisément, devait lui donner le plus d'emprise et de prestige pour l'enfant.

Le refus de nourriture, parfois présent dès la toute première tétée, devient ainsi bien souvent la première prise de bec entre le bébé et les adultes. En détournant sa bouche du sein, le bébé affirme déjà son refus d'assujettissement ; il entre en guerre. Sa mère le prend ainsi ; elle ne s'attendait pas à cette déclaration d'opposition, s'étonne de la rupture d'une harmonie qu'elle imaginait sans ombre et interprète ce geste comme une affirmation d'antagonisme.

Comment ce petit être si fragile peut-il mettre en péril sa relation de dépendance, et cela dans un domaine aussi vital que l'alimentation ? Comment ose-t-il défier la loi de la nature qui associe appétit et survie ? C'est son bien qu'il hypothèque, c'est sa santé qu'il menace.

Lorsqu'on vient consulter pour un problème d'anorexie, il faut savoir que, pour le bébé comme pour les parents, il y a des raisons à ce refus tout aussi impérieuses (parfois même plus) que l'appel de la faim et la nécessité alimentaire. Il semble étonnant qu'un enfant de quelques mois renonce à son alimentation pour prouver son autodétermination, comme s'il était plus important pour lui d'assumer, par ce refus, son indépendance que de se plier à l'exigence de la faim, alors ressentie comme l'instrument de la puissance parentale. C'est dire à quel point les exigences de la survie psychologique sont impérieuses et parfois même plus puissantes que celles de la survie physique, comme on le constate dans les rares évolutions mortelles de l'anorexie de la jeune fille.

Tout en étant une arme pour l'enfant, l'anorexie reflète un conflit psychologique qu'il faut tenter de comprendre. Les interrelations entre parents et enfant peuvent, de surcroît, contribuer à ce problème. L'histoire qui suit illustre la « nécessité » du maintien de l'anorexie infantile pour une mère qui souffre de la tendance inverse : la boulimie.

Une mère boulimique et son bébé anorexique

Mère et fille se définissent selon des images contraires. Elles sont les faces opposées d'une médaille qui pourrait s'appeler « Manger ». L'une vit dans l'excès, l'autre dans l'ascèse. Le va-et-vient entre l'orgie et la censure ponctue le déroulement de cette comédie alimentaire.

La mère, Antoinette, est savoyarde. Elle demande une consultation pour sa fille Gwendoline, âgée de onze mois. Ce prénom évoque d'emblée les contraires : pourquoi une petite Savoyarde a-t-elle reçu son prénom de si loin ?

Antoinette est bien en chair, elle s'exprime avec aisance et intelligence. Gwen (comme on l'appelle en famille) est menue, plutôt pâle et retenue. D'après Antoinette, le conflit s'installe dès qu'il s'agit de la nourrir. Quand on approche la cuillère, Gwen serre les lèvres, tourne la tête et refuse de manger. Antoinette mime cette scène d'« anorexie par opposition » en prenant un air très volontaire ; à l'évidence, elle admire cette capacité de refus comme une preuve de caractère. Elle ajoute : « Elle ne montre jamais qu'elle a faim..., d'ailleurs, elle ne veut pas savoir qu'elle est en train de manger. » Pour obtenir la coopération de sa fille, Antoinette doit détourner son attention, l'amuser pour créer une distraction. Elle a l'impression que Gwen ne veut pas trouver du plaisir à manger et que ce n'est qu'en négligeant le repas qu'on parvient à lui faire avaler quelque chose.

On sent qu'il s'agit pour Antoinette de rendre l'alimentation aussi factuelle que possible ; un fonctionnement mécanique dont on distrait toute intention et tout plaisir. Il s'agit de faire semblant, comme s'il n'y avait pas de plaisir et qu'il fallait voiler l'importance du désir qui motive le repas.

Cette nécessité d'occultation me conduit sur la piste de la culpabilité et de l'interdit du plaisir. Antoinette donnera de nombreuses confirmations de la nature libidinale, quasi érotique, que revêt pour elle le « manger ». Elle se décrit comme « une des ces femmes qui ont toujours cinq ou six kilos en trop ». Elle adore manger, préparer des petits plats et ne comprend pas que Gwen ne soit pas comme elle. Pour Antoinette, manger est un des plaisirs essentiels de la vie.

Suit une description de sa famille d'origine, liée par un culte commun de la bonne chère. Son père était pâtissier, il rapportait chaque soir toutes sortes de pièces qu'elle appelle des « cochonneries adorables ». Avec ses sœurs, elle se laissait aller à des excès alimentaires quotidiens, à tel point qu'elles devinrent toutes obèses et obsédées par leur poids. Chaque dimanche sa mère répétait : « Demain, je commence un régime ! » Ces serments sans lendemain, toutes les femmes de la famille se les répétaient mille fois, avec le même sentiment de fatalité qui habite encore Antoinette lorsque, dégoûtée par ses excès, elle se jure en vain d'y mettre un frein. Elle se traite de « gros boudin », s'invective : « Tu es trop grosse ; c'est dégueulasse, arrête de t'envoyer ces saloperies... », sachant qu'elle finira par céder ; sa faiblesse la désespère.

La bouche et le sexe

J'avais remarqué le style narratif haut en couleur et évocateur d'Antoinette, mais je ne pouvais m'empêcher d'y trouver des allusions sexuelles assez explicites. L'imagerie sexuelle dont était visiblement imprégné le plaisir de manger en faisait un plaisir coupable dont il fallait se protéger, ce qu'elle faisait par Gwen interposée.

Après avoir vanté les mérites culinaires de son père, Antoinette cachait mal un certain malaise : « Je n'aime pas dire “ mon père ” ; c’est tellement difficile de porter le nom de son père. » Elle avoue avoir eu très peur d’avoir une fille, de crainte de voir la petite agressée sexuellement. Elle avait tellement entendu d’histoires de viols, de sévices et d’inceste qu’elle imaginait le pire. D’ailleurs, elle avait une sorte de hantise sexuelle concernant son propre père. Longtemps, elle avait partagé la chambre à coucher de ses parents. Elle avait entendu leurs ébats amoureux et découvert des revues pornographiques sous le matelas de leur lit. Elle les avait regardées en cachette, aux toilettes, en vomissant de dégoût. L’image qu’elle avait de son père s’était alors détériorée : elle l’imaginait molestant sa mère et la traitant de manière dégoûtante. Un jour de baignade, elle le surprit en train de toucher les bouts de seins de sa mère avec la bouche. Bientôt, il devint à ses yeux un être abject, objet de mépris.

Antoinette est une femme intelligente, bien au courant des notions modernes de psychologie et sans blocages face aux questions sexuelles. Elle est pourtant étonnée lorsque je lui montre qu’elle cherche avant tout à éviter à Gwen d’être exposée aux débordements sexuels dont elle a été le témoin dans son enfance, et qu’elle a fait glisser sur le domaine du plaisir alimentaire de sa fille ce qui avait été pour elle un excès d’excitation sexuelle.

L’analogie entre un rapport sexuel et la prise de nourriture était apparue dans son récit à plusieurs reprises : les « cochonneries adorables », pour désigner les pâtisseries offertes par le père, « arrête de t’envoyer ces saloperies », pour fustiger sa gourmandise et, bien sûr, le rapprochement entre la bouche du père et les seins de la mère.

À la fin de ce premier récit, on pouvait dire qu’on avait affaire à une histoire qui aurait pu appartenir aux premiers cas décrits par Freud : une femme s'était sentie séduite de façon abusive par son père quand elle était fillette; elle en avait conçu du dégoût pour l'auteur de l'outrage, même imaginé; de la sphère sexuelle la gratification recherchée était passée au niveau de la nourriture, prise avec frénésie et ressentie comme une séduction à laquelle elle ne pouvait se soustraire. Le plaisir sexuel défendu était devenu le plaisir oral conflictuel, la bouche étant perçue comme un lieu où pouvait se jouer un commerce sexuel.

Tout cela est bien connu des lecteurs, même les plus novices, de l'œuvre de Freud. Mais ce qui est plus moderne, et peut-être moins connu, c'est que la victime de cette séduction infantile cherche à régler son problème *par bébé interposé*. Soucieuse de soustraire son bébé aux traumatismes de la séduction sexuelle, Antoinette avait déplacé sur la scène de l'alimentation sa méfiance du plaisir et son refus de soumission à l'adulte. Par ses attitudes, cette mère semblait avoir transmis à son bébé la nécessité de s'armer d'opposition contre toute approche, et de bannir tout plaisir des activités de la bouche. Autant elle avait dû céder aux passions déchaînées en elle par les attitudes de ses parents, autant elle encourageait maintenant l'exercice du contrôle chez sa fille. Autant elle s'était laissé envahir par des scènes excitantes, autant elle se réjouissait à la vue des lèvres pincées de Gwen, gage de l'opposition infranchissable de sa petite fille. L'envers du décor ! On peut dire que Gwen, dans son contrôle, est le contraire de sa mère. Elle est sobre là où Antoinette s'enivre, mesurée là où elle est excessive, anorexique là où elle est boulimique.

Faire de son enfant le contraire de soi-même, n'est-ce pas une tâche malaisée ? Quelle sera la destinée d'une fille contrainte d'être en vide ce que sa mère est en plein, en ombre de ce qu'elle est en lumière ? Comment s'identifier, quand il faut avant tout éviter de ressembler ?

L'ampleur du combat mené par Antoinette contre ses démons risque de peser bien lourd sur les frêles épaules du bébé.

Un rêve en rouge

Au théâtre animé de ce premier récit fit suite une série de tableaux. Lors de la consultation suivante, Antoinette me rapporte un rêve qui l'a laissée perplexe : Gwen et elle-même vomissaient à la vue d'un sexe masculin rouge. Le lendemain du rêve, elle a constaté avec effroi que Gwen refusait systématiquement le biberon, et cela pendant trois jours, ce qu'elle n'avait jamais fait auparavant. Ce qui effraie Antoinette, c'est l'aspect « magique » de la situation : c'est elle qui craint des scènes sexuelles, puis qui en rêve, et c'est sa fille qui refuse d'introduire un biberon dans sa bouche ! Il n'en faut guère plus à Antoinette pour s'imaginer munie de dons paranormaux terrifiants.

Pour le psychothérapeute, en revanche, familier de ces formes de « transmission de pensée », la survenue de ce rêve est de bon augure. D'abord c'est elle, *Antoinette*, qui fait ce rêve dans lequel apparaissent simultanément le trouble alimentaire (les vomissements) et la sexualité (la scène sexuelle rouge). C'est donc *elle* qui confond les deux domaines et qui présente un symptôme alimentaire (le vomissement). Ce qui, jusqu'alors, était dévolu à l'enfant, présentée comme porteuse d'un symptôme alimentaire, retourne dans son lieu d'origine, l'espace des pensées d'Antoinette. C'est bien elle qui a « créé » le rêve, qui l'a projeté sur son écran nocturne. Par ce rêve, elle est contrainte de reconnaître que c'est *elle* qui a fabriqué l'étrange mariage entre le sexe et la bouche, entre les plaisirs de la table et ceux du lit. De plus, mère et fille sont côte à côte dans ce rêve, unies dans le même symptôme, le vomissement. Elles partagent le même dégoût à l'égard d'une vision sexuelle.

Cette identité entre mère et fille, unies dans la même angoisse et partageant les mêmes visions, est la parfaite illustration de la transmission du psychisme qui s'effectue au sein de la relation parents-enfant. On pourrait parler de contagion, comme si le contenu de l'âme de la mère se déversait dans celui de la fille, et il est heureux que le rêve ait mis en scène cette trop grande identité, cette quasi-confusion entre mère et fille. Ce n'est pas moi, l'étranger, qui lui révèle cette confusion, c'est son inconscient qui lui a parlé par l'intermédiaire de ce langage en images qu'est le rêve. Même si un rêve n'est pas toujours pris en considération à cause de son aspect grotesque ou de sa logique irrationnelle, il montre que le message de l'identité mère-fille est bien enregistré quelque part. Il travaillera en douceur, progressant peu à peu jusqu'aux zones supérieures de la conscience, amenant peut-être un jour une révélation telle que : « J'ai entraîné ma fille dans le dégoût du sexe mâle. »

C'est ce genre de prise de conscience qu'on appelle l' « intuition ». Bien souvent, des images, des rêveries et des rêves nourrissent d'avantage ce processus d'intelligence qu'un raisonnement logique.

Bien entendu, cette mise en forme réalisée par le rêve – alors que le bon sens est en sommeil – facilite le travail du psychothérapeute. Le tableau ainsi représenté, avec formes et couleurs, révèle de façon irrévocable ce qu'Antoinette aurait voulu occulter. Elle voulait croire que l'anorexie de Gwen était le fait de son opposition, afin de ne pas avoir à faire face à l'horreur de ses souvenirs d'enfance et à la déception concernant son père. Le rêve perce cette feinte en exposant Antoinette au spectacle cru de ce qu'elle cherche à oublier. Bien souvent, la production d'un rêve indique que l'inconscient de la patiente se propose comme allié du processus de découverte déclenché par la psychothérapie. Comme tel, le rêve est à la fois subversif, déjouant les feintes de l'occultation rassurante, et réparateur, puisqu'il rétablit le contact du sujet avec ses pensées les plus enfouies.

À la fin de cette séance, Gwen, blottie contre sa mère, fait glisser une des bretelles de son pantalon. Antoinette commente immédiatement : « Tu fais un striptease pour le docteur ? », prouvant que, pour elle, la sexualité commence au berceau et qu'une fillette de onze mois ne saurait résister à l'attrait exercé par un homme. N'est-ce pas par ce genre de message que Gwen apprendra, de sa mère, la conduite à adopter face à un homme ?

L'origine de l'anorexie

En psychiatrie on recherche toujours ce qui a déclenché le symptôme. Si l'on peut le relier à un événement ou à un concours de circonstances, on a l'impression d'en saisir une des causes principales. Il fut un temps où Freud pensait avoir trouvé la cause des symptômes de l'hystérie en découvrant qu'ils avaient suivi une scène de séduction sexuelle réelle (encore le sexe, comme dans l'enfance d'Antoinette). Puis il reconnut s'être trompé, que la cause se logeait plutôt dans les fantasmes et l'imagination des petites filles.

Antoinette relia d'abord le commencement de l'anorexie à un événement réel : les débuts catastrophiques de l'allaitement. Mais, peu à peu, on en vient à se demander, comme l'avait fait Freud, si ce n'est pas plutôt dans les fantasmes (de la mère) qu'il faut chercher l'origine de l'anorexie de la fillette. On devra même aller plus loin : si Antoinette a vécu, enfant, de manière traumatique la sexualité de ses parents, n'est-ce pas qu'elle y était déjà prédisposée par les « messages » de sa mère, la prémunissant depuis longtemps contre les dangers qui l'accompagnent ? Un jour, alors qu'Antoinette s'interrogeait sur les mauvais traitements que son père aurait infligés à sa mère, celle-ci lui aurait dit : « Ça a été mal entre nous dès la nuit de noces ! » Ainsi, chez sa mère, déjà, la sexualité était dérangeante, et la relation entre les sexes difficile.

L'origine de l'anorexie de Gwen remonterait-elle donc aux angoisses sexuelles de sa grand-mère ? L'étude des familles montre qu'il est difficile de saisir la cause originelle des symptômes, celle-ci se situant souvent dans des filiations anciennes et se transmettant en cascade d'une génération à l'autre.

Le refus du sein

Dès les premiers jours, explique Antoinette, l'allaitement de Gwen s'était mal passé : « J'ai eu l'impression qu'elle ne voulait pas prendre mes seins. » Pas plus qu'elle ne veut prendre le biberon, me dis-je *in petto*, et pas plus que ça n'a marché entre ses parents dès le début ! Elle raconte ensuite ses mésaventures à la maternité lors des premières tentatives d'allaitement. Ce récit vaut la peine d'être rapporté, tant il est, hélas !, représentatif de ce que vivent nombre de nouvelles mères.

« Ça a été une horreur, une catastrophe. J'ai dû employer un tire-lait, ça ne marchait pas, et j'ai eu très vite des crevasses. On m'a mis une téterelle [sorte de protection en plastique du mamelon] et Gwen ne voulait plus s'en passer. Je sais bien que le lait maternel, c'est bon pour le bébé, alors j'ai tenu bon. Mais la téterelle, ça a brisé le contact. Ensuite, je me suis engueulée avec les infirmières. Il fallait que ça se fasse en vingt minutes, montre en main, sans quoi elles vous disaient : faut prendre le tire-lait. Il y avait de ces petites infirmières bien pète-sec qui insistaient sur l'horaire. C'était insupportable. Aucune d'elles n'avait d'enfant pardessus le marché ! Ma mère et ma sœur me décourageaient d'ailleurs d'allaiter. Elles non plus n'y étaient pas parvenues. Et puis je ne supportais pas qu'on me regarde allaiter. Ça me gênait. Je n'aime pas me donner en spectacle. Après tout ça, Gwen ne trouvait plus le goût à mon mamelon... qui est peut-être trop petit ! »

Antoinette fait remonter le début de l'anorexie de Gwen à ce manque de goût (ce « dégoût ») pour son mamelon qu'elle juge trop petit pour la satisfaire. Mais sa théorie, on le sent, tient davantage à son sentiment d'insuffisance maternelle (« elle n'aime pas mes seins ! », « mon mamelon est trop petit ! ») qu'à un constat objectif. L'origine du symptôme coïncide avec le début de la rencontre mère-fille et de leur échange physique. On a l'impression que, d'emblée, cet échange était voué à l'échec. Elle trouvait dans la routine de l'hôpital, l'attitude des infirmières, l'usage de la téterelle et d'autres circonstances factuelles les raisons de son échec. Il est bien vrai que, trop souvent, l'entourage de la jeune mère semble tout faire pour que l'allaitement échoue. Il est vrai aussi que, pour une primipare (une femme accouchant pour la première fois), l'accumulation de quelques détails irritants décourage souvent l'allaitement, processus fragile nécessitant soutien et conseils. Mais Antoinette semblait ne percevoir que ce qui pouvait aller à l'encontre de son entreprise et, surtout, elle paraissait se soumettre sans résistance aux mauvais sorts jetés par toutes ces « mauvaises fées » réunies autour du berceau. Les infirmières pète-sec, la grand-mère, la tante : autant de personnages envieux qui voulaient la voir échouer là où elles-mêmes n'avaient pas réussi. Elles n'étaient là que pour lui interdire le plaisir de l'allaitement, pour l'empêcher de jouir de cet échange intime, pour détruire le spectacle de l'union du couple mère-bébé.

À la fin de son récit, Antoinette ajoute : « Je me rappelle vivement la première tétée ; ça m'a fait une sensation très intense, comme une douleur inattendue. Je n'avais pas imaginé que ce serait si fort. Je m'étais tant réjouie de l'allaitement ! » L'anticipation de l'allaitement était pénétrée de plaisir, mais la réalité a éteint cette jouissance, comme si Antoinette avait été contrainte de se soumettre à l'interdiction des mauvaises fées. Et l'enterrement de ce plaisir si intense aurait en même temps enfoui celui du bébé au sein, comme si mère et fille devaient être réunies dans une renonciation commune au plaisir.

Interdiction de manger, ou interdiction du plaisir ?

On se souvient qu'au tout début de ces consultations Antoinette avait décrit l'anorexie de Gwen en soulignant qu'elle ne semblait pas vouloir reconnaître le plaisir de manger. On constate à présent qu'Antoinette a laissé les événements et les mauvaises fées interférer dans son plaisir d'allaiter. C'est donc bien le *plaisir*, pour la fillette comme pour la mère, qui est la principale victime.

La « cause » de l'anorexie tient à ce besoin d'éliminer le plaisir alimentaire. En refusant de manger, Gwen dit non, les lèvres pincées, aux plaisirs de l'allaitement, puis de la nourriture. Mais où faut-il situer l'origine de cette inhibition? Chez l'enfant ou chez la mère?

Tout indique que c'est Antoinette qui a introduit, dès l'allaitement, cette inhibition du plaisir, légitimée par les circonstances adverses et l'hostilité envieuse de son entourage. Tout indique aussi que l'interdiction du plaisir alimentaire repose sur la culpabilité d'un plaisir parallèle, plus caché, celui de la sexualité. Dans son récit, Antoinette a si souvent employé le langage de la sexualité pour décrire l'alimentation qu'il est difficile d'ignorer qu'elle identifie allaitement et prise du biberon à une activité sexuelle, comme si les deux étaient interchangeables. Lorsqu'elle évoque l'alimentation, les plaisirs du sexe s'insinuent subrepticement dans ses pensées, entraînant une censure focalisée sur la bouche. En décrivant les lèvres serrées de Gwen, Antoinette pense inconsciemment à son dégoût de petite fille face à la sexualité de ses parents. Il y a glissement de la bouche au sexe et confusion entre mère et fille.

La cause des symptômes du petit enfant

Dans ce cas, l'origine de l'anorexie se situe à plusieurs niveaux :

– chez la mère, qui fait une double confusion (sexe et bouche, mère et fille);

– chez la fille, qui est trop soumise aux interdits maternels;

– chez les grands-parents, enfin, qui auraient traumatisé Antoinette.

Le symptôme de l'enfant est comme un fusible qui,

lorsqu'il saute, signale la surcharge du réseau. Le rôle du psychothérapeute est de révéler les sens cachés du symptôme. Il doit découvrir les angoisses, les nostalgies et les peines de nombreuses personnes qui entourent le bébé et qui l'ont chargé du maintien vivant de leurs plaintes. C'est ce que je tente de faire lorsque j'explique à Antoinette qu'elle s'est soumise aux imprécations dirigées contre l'allaitement, comme si elle devait s'interdire ce plaisir partagé avec Gwen. Par mon explication, je tente de lui faire comprendre qu'une culpabilité inconsciente, dirigée à l'origine contre sa sexualité, s'est déplacée sur l'alimentation. Elle réagit en se plaignant que, depuis une semaine, les repas de Gwen sont de véritables drames. Elle en pleure tous les jours : « Ça ne marche pas du tout... Je m'y attendais. Mais au moins, comme ça, vous ne pouvez pas dire que je viens ici pour rien, ou seulement pour moi. » Et elle me rapporte un rêve qu'elle a fait la nuit passée : je m'y montrais très insatisfait d'elle qui essayait de courir pour me plaire. Une fois encore, le rêve est un précieux révélateur : il lui montre que, maintenant, elle cherche à me plaire et que mon attitude de désapprobation est la marque d'une interdiction de me séduire. L'aggravation de l'anorexie de Gwen vient fort à propos : elle légitime la consultation et occulte le plaisir d'Antoinette de se dévoiler à moi, elle qui n'aime pas se donner en spectacle. On retrouve la culpabilité, décidément omniprésente, suscitée ici par son plaisir à s'ouvrir à un homme qu'elle estime, comme si cela aussi était une activité coupable, parce que liée au plaisir. Dans le rêve, je joue le rôle d'un juge réprobateur, ce qui lui permet de fustiger son propre plaisir à venir me voir.

Ce rêve renforce mon impression que le conflit de base d'Antoinette concerne sa relation à son père, et aux hommes en général. Cette vision ambivalente de l'homme serait-elle déjà partagée par Gwen ?

Le père intervient

À la séance suivante, Antoinette est accompagnée d'Éric, son compagnon et père de Gwen. Il est très attentif aux problèmes d'Antoinette et de Gwen. En fait, il se décrit comme un « papa poule » désirant protéger au mieux sa fille et prenant le relais quand Antoinette « craque » devant les refus répétés de Gwen. Il essaie de jouer « à faire des dégueulasseries » pour rendre les repas, devenus confrontations, plus ludiques. Une ou deux fois, il a tenté de recourir à la force, sans succès. Antoinette lui a toujours raconté nos séances et il aimerait savoir si, lui aussi, il y est pour quelque chose : c'est sa façon de se préoccuper de sa famille. Nous cherchons donc ensemble à suivre la piste paternelle, mais elle ne nous mène nulle part. La consultation est en perte de vitesse lorsque, soudain, Antoinette intervient : « Est-ce qu'il y a vraiment un problème ? » Sentant une amorce de recul, et même une hésitation d'Antoinette quant à l'opportunité de poursuivre la démarche, j'explique que je sens une résistance. Peut-être Antoinette considère-t-elle que notre rencontre devient problématique ?

Antoinette a transféré sur le thérapeute le nœud de son conflit paternel. Sans doute a-t-elle peur que son intérêt pour moi n'entraîne que déception ou sanction, comme cela s'était passé avec son père. Me voilà devenu un personnage inquiétant, comme l'a révélé mon comportement réprobateur dans le rêve, et c'est probablement sa culpabilité de trouver du plaisir à nos rencontres qui rend maintenant notre contact difficile. Il est d'ailleurs probable qu'Antoinette a amené Éric aujourd'hui pour qu'il la protège contre l'intimité naissante avec moi.

Cette séance n'a donc pas été très productive, mais elle m'a permis de faire la connaissance d'Éric. J'ai découvert un père empressé et sensible, sur lequel Antoinette peut s'appuyer quand elle est trop inquiète. Jusqu'à présent, je ne connaissais que la mère et la fille, car c'est ainsi qu'Antoinette avait agencé nos rencontres. Si cette fois-ci elle avait souhaité la présence d'Éric, c'est qu'elle en avait besoin.

Éric se montre très coopérant. Il est soucieux de soutenir le processus psychothérapeutique. Mais la compréhension de l'anorexie se fonde surtout sur les conflits mère-fille, et je ne vois aucun lien, dans le cas de Gwen, entre le symptôme et une éventuelle problématique personnelle du père.

Reprenant le fil de la communication mère-fille, voyons maintenant de plus près les mécanismes de transmission de l'interdit alimentaire.

La transmission des attitudes

Je pense que la culture se transmet surtout par des gestes et des attitudes, dans le cadre des échanges familiaux. La construction et la transmission des traditions familiales ne se limitent pas aux mots, mais recourent aux mimiques, aux inflexions de la voix et à une myriade de petits signaux transmis à l'enfant dès son plus jeune âge. L'étude micro-analytique des enregistrements vidéo d'échanges parents-enfant a apporté la démonstration scientifique de la correspondance entre les interactions – observables – et des messages psychologiques très complexes [1]. On n'est jamais aussi convaincu du pouvoir communicatif des gestes et des

1. Pour une discussion plus approfondie, voir *La Pratique des psychothérapies mères-bébés* (8).

attitudes que lorsqu'on assiste, au cours d'une thérapie mère-bébé, à la coïncidence entre l'énoncé (par la mère) d'un problème et l'apparition simultanée d'échanges qui mettent en forme ce problème. J'ai appelé cela « la séquence interactive symptomatique », pour indiquer qu'il s'agit de séquences d'échanges typiques qui maintiennent le symptôme de l'enfant.

Dans ce qui suit, je tenterai d'illustrer les modes de transmission de l'interdiction du plaisir, de la confusion entre le sexe et la bouche et, plus généralement, d'une éthique volontariste, caractérisée par le refus systématique de se laisser aller au plaisir.

Les débuts de l'éducation

Je vais essayer de recourir à tout l'art évocateur dont je suis capable pour rendre compte, en mots, de ces moments magiques permettant de percevoir la transmission d'une pensée maternelle au bébé. Car c'est avec des gestes fugaces et des attitudes ne durant que l'espace d'un regard que s'élabore la communication de pensées maternelles à l'enfant. J'espère parvenir à faire saisir ce langage des corps, cet alphabet des mimiques qui, répétés mille fois chaque jour, deviennent pour le bébé aussi pénétrant que le serait un entraînement intensif chez l'adulte apprenant une langue, un sport, ou la conduite d'une voiture. Tous les jours, les bébés sont au « catéchisme », et leurs proches sont leurs aumôniers. Ce qu'on appelle l' « éducation » commence dès le premier vagissement du nouveau-né, puisque déjà on le qualifie : « quel cri robuste » (ce qui signifie « tu dois devenir robuste »), ou encore : « il donne déjà des ordres » (c'est-à-dire « j'ai peur qu'il devienne autoritaire avec moi »). Les parents ne se rendent pas assez compte qu'ils appliquent à chacun de leurs échanges avec le bébé une *intentionnalité éducative*. Tout commentaire, toute attitude, vise à affilier le bébé à un projet éducatif, et à le faire adhérer à un ordre culturel. Les parents adaptent intuitivement leurs attitudes aux besoins de cette tâche. Dès la naissance du bébé, ils s'engagent dans une profession, l'enseignement de l'éducation. Ils n'ont pas été explicitement entraînés pour ce métier, dont on trouve un pendant chez le bébé qui, lui, travaille toujours à satisfaire les exigences de ses parents en s'engageant dans ce que j'ai appelé la profession du bébé (7).

Dans ce qui suit, je tenterai de rendre compte de l'enseignement pratiqué par Antoinette pour inculquer à sa fille de onze mois et demi le contrôle de son désir de manger. Je décrirai de façon littérale les échanges, filmés en vidéo, entre mère et fille, alors que Gwen cherche à s'emparer d'une barre de chocolat.

La bataille du chocolat

Antoinette se plaint d'être déprimée; elle pleure constamment, n'a de plaisir à rien. Elle est complètement centrée sur Gwen et sa nourriture. Tout le reste l'indiffère. Surtout depuis qu'elle vient ici : « Il y a des mots qui font tilt, par exemple le mot "plaisir". C'est un mot qui m'a beaucoup marquée, parce que depuis qu'elle est comme ça, je n'ai de plaisir à rien. J'ai tout le temps l'impression que je ne peux pas prendre de plaisir à quoi que ce soit, parce que, de toute façon, il y a un problème [l'alimentation] qui ne va pas. »

C'est encore le plaisir qui est la victime principale de l'état d'Antoinette. Elle attribue sa déprime à l'anorexie de Gwen dont on perçoit ici l'influence. Souvent, dans l'année qui suit la naissance, les problèmes posés par le maternage entraînent des états dépressifs. Les troubles alimentaires, les troubles du sommeil, ou encore d'autres difficultés liées aux soins de l'enfant, peuvent sérieusement entamer le moral et accentuer le sentiment d'incompétence de la mère.

Alors qu'Antoinette déprime, Gwen, elle, toute frétillante, est occupée à explorer le grand sac à provisions de sa mère. Elle en retire bientôt un objet oblong, argenté, qui se révèle être une barre de chocolat.

Antoinette est tellement plongée dans sa déprime qu'elle n'a pas perçu le geste de sa fille. Quand Gwen approche de sa bouche la barre de chocolat encore emballée dans le papier argenté, sa mère intervient en la retirant des mains de sa fille et en accompagnant son geste d'un commentaire à voix basse :

« Oh ! la ! la !... Pas le papier, ma puce... Tu sais, je ne sais pas si c'est une bonne idée. »

Elle ouvre l'emballage et remarque :

« Tu vas en mettre plein partout ! »

Gwen émet un grognement qui témoigne de son impatience et de son désir, elle tend sa main vers la barre.

« Non, c'est moi qui te donne les petits bouts », reprend Antoinette, tout en mettant un morceau de chocolat dans la bouche de l'enfant, qui, irritée, martèle le sol du pied.

Le début de cette scène est fascinant. L'initiative alimentaire de Gwen va nous permettre d'entrer dans le vif du sujet en soumettant mère et fille à une situation réelle où leurs désirs respectifs doivent s'affronter dans les actes. Je suis très frappé par la rapidité de réaction d'Antoinette : Gwen touche à peine la barre que, tel le faucon sur sa proie, la mère s'empare de l'objet du délit, reprend le contrôle de la situation et énonce toute une série d'interdictions : « Pas le papier » ; « Tu vas en mettre plein partout » ; « Non, c'est moi qui te donne... »

Suivons attentivement le déroulement de cette séquence où alternent les expressions du désir de l'enfant et les affirmations de censure de la mère. Après cette retranscription fidèle de la scène, je comparerai le nombre d'interventions d'Antoinette à celui des initiatives de Gwen, ce qui nous donnera une idée plus précise de la concentration systématique du message maternel.

Antoinette reprend :

« Ça c'est bien, hein... Tu n'es pas malade pour le chocolat, ça va bien avec le chocolat. »

Puis elle se détourne de l'enfant et renoue avec sa mélopée plaintive :

« J'étais vraiment d'un taciturne... »

Un autre dialogue gestuel a lieu simultanément entre Gwen et sa mère. L'enfant a saisi la barre de chocolat, Antoinette, en essayant de la reprendre, dit :

« Non, non, tu ne prends pas trop. »

Elle écarte résolument les doigts de sa fille et récupère le chocolat. Gwen proteste en grognant. Antoinette la calme de la voix et, détachant un morceau de chocolat de la main de l'enfant, le porte à *sa* bouche. Antoinette prouve ainsi qu'elle interdit à sa fille ce qu'elle-même convoite et que, désormais, dans cette bataille autour du chocolat, toutes deux se considèrent rivales dans la poursuite du même objet. La répétition des interdictions reprend :

« Tu en as encore tout plein... Tu attends ! »

La voix d'Antoinette est devenue plus impérative. On sent qu'elle applique une discipline, qu'un principe est à l'œuvre et que, apparemment, elle juge pressant d'inculquer à sa fille les vertus de la patience et de la modération. Elle garde le chocolat juste hors de portée de l'enfant. Puis une poursuite s'engage, Gwen approchant la main à chaque fois que sa mère éloigne le chocolat. Antoinette inspecte la bouche de sa fille et conclut :

« Attends... Où on en est ?... Non ! Tu en as encore tout plein la bouche. »

Gwen a regardé sa mère prononcer ce « non » appuyé et, à son tour, *comme sa mère*, elle hoche la tête négativement, reprenant à son compte le refus maternel. Mais elle est prise entre deux tendances opposées, puisque simultanément elle cherche à attraper le chocolat. Antoinette rit et finit par mettre un morceau dans la bouche de Gwen. En même temps, elle se lèche les doigts couverts de chocolat. Mère et fille émettent de concert des sons de contentement, mais Antoinette cache le reste du chocolat dans le sac. Gwen cherche à le rouvrir, mais Antoinette interdit à nouveau :

« Non, le reste, tu laisses... C'est pas intéressant pour toi. »

Elle ferme le sac.

« Voilà ! »

Elle tend un biberon de jus d'orange à l'enfant.

Mais, bientôt, Gwen réussit à retirer le chocolat du sac et sa mère le lui reprend de force. À ce moment, un bout de chocolat, bien fondu entre-temps, tombe par terre. Antoinette le ramasse, le donne à Gwen, qui tape du pied, et se lèche les doigts pour la troisième fois. Elle m'explique :

« Dès qu'elle a quelque chose dans la bouche, et que quelque chose d'autre se présente, elle est..., j'ose pas dire avide, mais elle veut prendre, oui, ce qu'on lui présente, et elle va recracher parce qu'elle en a trop dans la bouche. »

Gwen tend à nouveau sa main vers la barre de chocolat. Je me dis qu'elle a bien de la suite dans les idées, en dépit des découragements maternels répétés.

« Là, tu en veux encore, hein ? Non ! Tu me laisses faire... Tu vas en mettre partout. »

Gwen parvient à toucher ce qui reste de la barre.

« Non, attends... Attends... Attends ! »

Antoinette murmure ces mots, alors qu'elle retire une nouvelle fois le chocolat et que Gwen s'impatiente en tapant du pied. Décidément, il s'agit là d'un exercice de frustration, comme s'en imposaient les religieux du Moyen Âge pour tester leur résistance à la tentation. À ce moment, Antoinette cède un peu, accordant un petit bout de chocolat à sa fille, pour tout de suite après éloigner à nouveau le reste :

« Tu attends pour le reste. Tu attends... »

Et elle joint le geste à la parole en éloignant le chocolat à trois reprises. Sur ce, Gwen justifie les admonestations de sa mère : ayant avalé de travers, elle tousse soudainement. Antoinette enchaîne :

« Eh bien, tu vois, c'est trop gros, puis tu avales trop vite... D'ailleurs, tu en as partout, tu vas être cradingue... Tu en veux encore ? En plus, il est tout mou... Attends ! »

Elle casse un morceau en deux, met une moitié dans *sa* bouche et donne l'autre à Gwen en disant :

« Ça, c'est trop gros. »

Elle rit quand je lui fais remarquer qu'elle semble, elle aussi, bien aimer le chocolat.

« Si je me laisse aller, surtout avec les peanuts, je peux me gaver... J'achète pas de chocolat, sinon c'est impossible... »

Et elle éloigne une fois encore le reste de chocolat.

« Si j'achète du chocolat, forcément que je le mange tout de suite. »

Au même moment, Gwen grimpe sur les genoux de sa mère, toujours dans le but d'attraper le chocolat qui s'éloigne au fur et à mesure qu'elle s'en rapproche. Je dis alors à Antoinette que cette scène me fait penser au supplice de Tantale et qu'elle semble vouloir instaurer chez Gwen un contrôle antiboulimique, qui lui manque à elle, comme elle vient de le reconnaître. Antoinette rit, et à nouveau, met un morceau dans sa bouche. La prenant la main dans le sac, je lui dis :

« Là, vous vous laissez aller à votre désir alors que vous l'interdisez à Gwen, comme si vous cherchiez à la prévenir, elle, contre l'assaut des envies qui vous submergent.

– Je me suis dit ces choses avant même qu'elle commence ses problèmes de nourriture. Je me disais toujours, pourvu qu'elle ne devienne pas une petite bouboule comme j'étais moi... Je ne veux pas qu'on lui dise, voilà le boudin, et qu'elle fasse des régimes toute sa vie... Quelle horreur, c'est pas drôle, ça.

– Vous l'éduquez maintenant à développer un contrôle de son appétit et une habitude de discipline, comme si vous lui disiez : si tu te laisses aller, attention, tu vas devenir un gros boudin, tu vas devenir comme une image de moi que je n'aime pas, celle qui se laisse aller à la goinfrerie.

– Mais je ne m'en rendais pas compte. »

Elle essaie de replacer le reste de chocolat dans le papier et dit :

« C'est franchement dégoûtant.

– C'est précisément le dégoût de l'alimentation que vous lui inculquez, insistais-je, parce que vous avez si peur que, si elle y prend goût, elle ne sache plus se retenir. Ce n'est pas le chocolat qui est dégoûtant, c'est l'image que vous vous faites d'une fillette se laissant aller à ses envies. »

Antoinette se lèche à nouveau les doigts, puis met le reste de chocolat à l'abri des mains de Gwen, dans son sac, qu'elle ferme de manière ostensible.

Résister à la tentation

Cette « séquence interactive symptomatique » nous montre comment s'est construit le symptôme de l'enfant. Elle dure onze minutes. On y comptabilise dix-huit interdictions maternelles dirigées contre la possession et l'ingestion du chocolat. Ces interdits sont soit verbaux, soit gestuels, soit les deux en même temps. Ils sont si répétitifs qu'on a l'impression d'avoir affaire à un projet éducatif d'ascèse alimentaire, systématique et incontournable. Antoinette veut absolument inculquer à sa fille la résistance à la tentation. On dirait même qu'elle l'expose sciemment à un objet de convoitise pour mieux aguerrir son autodiscipline. À l'extrême, on se dit qu'elle entraîne sa fille à apprécier la frustration, au risque d'induire des conséquences néfastes sur le devenir de ses désirs. Gwen pourrait bien développer plus de plaisir à la frustration qu'à la satisfaction de ses envies.

La communication maternelle est pénétrante, et sa répétition est telle que l'enfant ne saurait s'y dérober. Comment imaginer que cette enfant, même à l'âge tendre de onze mois, n'ait pas enregistré que, pour plaire à sa mère, elle doit apprendre à résister aux envies alimentaires ? Et n'a-t-on pas concrètement touché le mécanisme de genèse et de maintien du symptôme d'anorexie ? Comment cette enfant pourrait-elle trouver du plaisir à manger, face à l'assaut répétitif des interdictions de manger ? Ne serait-ce pas, de sa part, faire preuve d'inadaptation que de manger avec enthousiasme ?

2

Les messages des interactions

À chaque fois que j'observe un enfant en compagnie de ses parents, je me pose la question : quel est le type de personnalité qui est en train de se construire sous nos yeux ? Pour tenter d'apporter une réponse, il faudrait étudier les multiples influences réciproques entre les facteurs innés (déterminés par l'hérédité et par la vie intra-utérine), l'expérience de la naissance, les échanges parents-enfant, les pressions exercées par le milieu (soutien des parents, exigences morales, valeurs culturelles, etc.). On pourrait allonger cette liste, tant sont multiples les facteurs intervenant dans la création d'une personne. Sélectionner l'analyse des échanges mère-enfant, c'est un peu comme utiliser un zoom en photo : on choisit *un* aspect de la réalité, qui semble particulièrement révélateur, pour l'étudier en détail. Ces échanges mère-bébé s'établissent dans un contexte dont il faut également tenir compte : l'influence du père, de l'environnement familial et, au-delà, de la culture ambiante.

Dans le cas d'Antoinette, on a déjà beaucoup appris sur la famille, sur la valeur accordée à la nourriture, sur les conséquences d'une confusion entre les plaisirs du sexe et de la bouche. À présent, en visionnant les onze minutes de la bataille du chocolat, nous allons découvrir le détail de ce qui est communiqué, et la manière dont s'effectue la transmission.

Gwen initie l'échange en prenant une barre de chocolat, déclenchant ainsi la réaction de sa mère qui freine l'initiative alimentaire, la qualifiant de façon négative (« c'est trop »), puis l'interdisant. La répartition des rôles entre la fille – qui exprime son désir – et la mère – qui le freine – reste la même tout au long de l'échange. Une séquence prévisible s'établit, un ordre apparaît, encadrant la spontanéité de l'enfant, imposant des limites, dessinant un projet éducatif. Cet ordre, tous les parents tentent de l'appliquer, dans l'espoir de canaliser les désirs des enfants et d'orienter leurs aspirations. Cet effet éducatif renvoie à la métaphore du tuteur redressant le tronc qui se tord, ou à celle du canal réunissant les eaux clairsemées d'un torrent sauvage.

Deux messages

Deux messages sont ainsi transmis par Antoinette à sa fille.

Premier message : L'enfant doit apprendre à soumettre ses pulsions à certaines directives et à endiguer son impulsivité dans les limites imposées par les intolérances des parents.

Ainsi leur enseigne-t-on cette faculté sociale indispensable, le tact, qui est l'art de savoir la limite à ne pas franchir. Les parents disposent d'armes puissantes pour obtenir de l'enfant la soumission à cette loi : l'amour qu'ils prodiguent ou qu'ils retiennent, suivant le plaisir ou le déplaisir que leur inspire l'enfant. On sait que dans ce « troc affectif » l'enfant, dès son plus jeune âge, est très attentif aux manifestations d'approbation ou de désapprobation qui s'inscrivent sur le visage de ses parents.

Second message : La mesure est une vertu, et l'ascèse un but hautement valorisé.

Cela transparaît lorsque Antoinette expose sa fille à la tentation, gardant l'objet convoité dans le champ de vision de l'enfant, mais l'éloignant suffisamment pour qu'elle ne puisse pas l'atteindre. Ce faisant, Antoinette entraîne sa fille à subir les assauts d'un désir puissant, tout en rendant impossible son accomplissement. Elle séduit et frustre en même temps : « Vois comme il est possible de résister à la tentation », semble-t-elle lui dire ; mais aussi, par son insistance : « Vois comme je t'aime quand tu es plus forte que ton désir. » Faire de l'ascèse une vertu et du renoncement une gloire était la pierre angulaire de l'éducation classique à l'heure où le modèle chrétien représentait le phare de la pédagogie. La résistance au péché était alors le but essentiel à atteindre. Si cette priorité étonne dans l'éthique d'une mère contemporaine, nous ne pouvons oublier que, pour Antoinette, encore influencée par les scènes sexuelles de son enfance, la résistance à la séduction est devenue une nécessité vitale. C'est cette contrainte qu'elle tente d'inculquer à sa fille. Elle cherche à la protéger de l'esclavage dans lequel l'a placée l'attrait de ses passions d'enfant – toujours actives à l'heure actuelle, comme en témoigne sa boulimie irrépressible.

La mise en évidence de ces messages constitue l'un des intérêts de l'analyse des échanges mère-fille à un âge si tendre. Ces messages, si répétitifs et contraignants, vont faire le lit de la moralité de la femme à venir. Si Antoinette imprime dans l'âme sensible de sa fille la nécessité de l'ascèse et les bienfaits de la mesure, c'est que, inconsciemment, elle veut en faire une adulte dotée de ces vertus. Et nous pouvons présager que cette

« morale au berceau » creusera un sillon encore bien visible des années plus tard. Aujourd'hui, chez la fillette de onze mois, la pratique de l'ascèse ne vise que l'alimentation ; mais, à l'âge adulte, elle risque de s'étendre à d'autres plaisirs. Nous aurons l'occasion, un peu plus loin, lorsque Gwen aura cinq ans, de constater la permanence de cette trace éthique.

Revenons aux messages transmis par Antoinette à sa fille. Il en est un qui traduit l'intention même de l'éducation : dans l'échange concernant la barre de chocolat, l'autorité est toujours restée du côté de la mère. C'est elle qui prend la barre, qui introduit les interdits et le temps de latence, qui indique comment on mange et à quel rythme. Par ses menues interventions, Antoinette indique clairement, bien que par petites touches, que c'est elle l'autorité suprême, elle qui détient la force et le pouvoir. Aucun doute ne peut s'insinuer dans l'esprit de l'enfant quant à la nécessité de se plier à l'autorité maternelle. À travers ce partage des rôles s'inscrit l'échelle hiérarchique et s'assied l'autorité parentale. Ainsi s'érige, par extension à partir des échanges mère-enfant, la notion d'un ordre social depuis la plus tendre enfance.

Les paradoxes de l'éducation

Bien que les injonctions éducatives maternelles soient claires, impératives et systématiques, nous pouvons déceler ce qu'on pourrait appeler un « double message ». À plusieurs reprises, en effet, Antoinette s'est offert des morceaux de chocolat, alors qu'elle les interdisait à Gwen. « Fais comme ci, fais comme ça, mais ne fais pas comme moi », semble-t-elle dire en substance. En fait, et nous le savons déjà, elle interdit à sa fille ce à quoi elle craint trop de se laisser aller, et son exigence ascétique est d'autant plus intransigeante qu'elle a conscience d'être faible face à la tentation alimentaire. C'est sa propre faiblesse qu'elle fustige chez sa fille.

Antoinette veut développer en Gwen la capacité de résister aux excès et à la tentation. Pour y parvenir, elle se croit obligée d'éteindre l'appétit de Gwen et elle s'y applique d'autant qu'elle se sait elle-même incapable de se soumettre à une telle discipline.

Nous l'avions pressenti dès le début : Gwen doit devenir le *contraire* de sa mère. Elle sera la face fine de la médaille, opposée à celle, épaisse, de sa mère. Elles sont vouées, dans l'homologie ou dans l'opposition, à jouer un même drame, celui de l'alimentation, débridée ou disciplinée.

Au cours de la séance initiée par la bataille du chocolat, Antoinette va fustiger son image de « gros boudin », accentuant son sentiment de déprime et d'impuissance, pour finalement dégager un idéal : être le contraire de ce qu'elle est, devenir *anorexique* ! En promouvant l'anorexie de Gwen, elle cherche donc à incarner son idéal de minceur, son contraire. Elle décrit sa passion-aversion pour le chocolat : « C'est plus orgiaque, bien sûr, le chocolat. C'est plus dégoûtant comme orgie. Une pomme, je peux en manger des quantités, mais je ne me sens absolument pas coupable. Si je mangeais la même quantité en chocolat, ce serait l'horreur. C'est plus orgiaque. Je me dis : Espèce de gros boudin dégueulasse, qu'est-ce que tu viens encore de t'envoyer là ! Tu es vraiment une grosse cochonne. »

On sent à quel point Antoinette est honteuse de ses tendances, dont elle pressent le caractère sexuel, comme le montre son vocabulaire. Elle craint que ses penchants se retrouvent chez sa fille, qui, dit-elle, aurait les même goûts qu'elle. C'est bien pour la purger de toute identité avec sa mère qu'Antoinette a mis au point un projet éducatif visant à créer une image qui soit l'envers de la sienne. Si Antoinette a bien peur que Gwen ne mange pas assez (l'anorexie étant le motif de la consultation), une crainte encore plus profonde est qu'elle devienne boulimique. Le contrôle qu'elle exerce sur l'alimentation de sa fille a pour but d'exorciser l'image du « boudin dégueulasse » qu'elle pourrait devenir par identification à sa mère. Antoinette se rappelle alors qu'à la naissance Gwen était un bébé plutôt glouton, au point que sa mère et sa sœur (les mauvaises fées) l'avaient mise en garde : « Elle va devenir grosse, elle est déjà bien dodue. Pourquoi lui donnes-tu encore un dessert ? Tu es complètement folle ! » C'est après ces imprécations que les « problèmes de nourriture » ont commencé.

Si les « malédictions » proférées par les fées ne se sont pas réalisées (Gwen est maigre), c'est qu'Antoinette se sentait déjà très coupable de sa propre goinfrerie ; elle interpréta donc la remarque des femmes de sa famille (comme toute réflexion touchant à ce sujet sensible) comme une accusation et une sentence à laquelle elle devait se soumettre.

Les débauches alimentaires

Antoinette s'était sentie déprimée dès le début de sa grossesse. Elle s'était ruée sur la nourriture, comme libérée. En même temps, elle se disait : « Tu es folle, tu vas reprendre du poids. C'est dément, fais attention. Je vis un combat incessant. C'est épuisant, je suis tout le temps en train de me contrôler. » Elle sentait bien que la lutte était inégale, et le combat perdu d'avance.

Aujourd'hui encore, son impuissance la désole ; elle a le sentiment de n'être pas maîtresse d'elle-même. « Ça a été comme ça toute ma vie. Je ne sais pas pourquoi ça prend des proportions comme ça. Une véritable obsession. J'en arrive à refuser de voir des gens ou de sortir. Mais avec elle [Gwen], ça me pose un problème. Elle est à un stade où elle veut me donner de la nourriture avec sa cuillère, mais je... je n'arrive pas à la prendre... Je dois faire semblant, parce que même prendre ne serait-ce qu'une cuillère, c'est trop. » Cette description d'une scène typique d'un bébé de onze mois qui, par souci d'imitation, cherche à nourrir sa mère à son tour, montre que le bébé peut être perçu comme séducteur, induisant chez sa mère la tentation de manger. Gwen séduit soit par la démonstration de son appétit insatiable, soit en sollicitant la faim d'Antoinette. Cette tentation incarnée par le bébé est une cause supplémentaire de la déprime de sa mère, tous les jours confrontée à la tentation et à son impuissance à résister.

Mourir maigre

Antoinette, réellement préoccupée par ce besoin irrépressible de manger, se met à disserter sur ce qu'elle ressent comme une forme de folie : « Ce n'est pas de la faim, ce n'est pas de la gourmandise, puisque la gourmandise est satisfaite avant trois paquets de peanuts. C'est complètement hallucinant de manger trois paquets comme ça. On dit que c'est les femmes surtout. Apparemment les hommes, ça les inquiète moins. Ils ne grossissent pas de la même façon. C'est fou, quoi ! Ah, moi, j'ai rêvé d'être anorexique. Quand j'avais treize ans, ma meilleure amie était anorexique. Isabelle pesait trente-trois kilos. Je l'enviais. À la fin, elle n'avait que les genoux qui étaient gros... Elle s'en plaignait, et moi, je regardais ses cuisses et je trouvais ça sublime ! La maigreur, moi, j'aime ça. Je ne trouve pas ça beau quand quelqu'un est maigre, mais je me dis : qu'est-ce qu'il doit être bien dans sa peau ! C'est honteux d'être gros... Cette graisse, cette cellulite, c'est immonde, c'est occidental au maximum, c'est de la consommation stupide, ça n'a plus rien à voir avec de la nourriture. »

Emportée dans cette tirade d'excommunication des obèses, Antoinette atteint le sommet de sa passion pour son contraire : « Moi, je suis une fanatique de la maigreur. Il me semble que je serais heureuse [maigre]. Rien avoir qui pend, se sentir bien. Même si on en meurt... parce que Isabelle est quand même passé à deux doigts de mourir. Ça ne fait rien, elle serait morte maigre ! »

Jusqu'où peut mener la poursuite d'un idéal... Son exigence peut être si inflexible que la mort semblerait un prix acceptable à payer pour sa réalisation. La maigreur se trouve ici tellement valorisée qu'Antoinette aurait tout sacrifié pour l'atteindre. Pour elle, l'ascèse alimentaire est le *nec plus ultra* ; c'est le contrôle des envies, la maîtrise du corps qui lui échappent constamment, en un mot : c'est la puissance absolue. C'est ce qu'elle essaie de conquérir par procuration sur sa fille. On ne saurait donc juger à la légère l'exigence d'Antoinette : ce qu'elle veut pour sa fille, et elle y investira toute son énergie, c'est arriver à cet état de perfection, ce nirvana incarné de manière emblématique. Avoir comme plus grosse protubérance corporelle les os des genoux, voilà bien un idéal de sainte, à la hauteur de Jeanne d'Arc ou de sainte Thérèse d'Avila. Voilà l'idéal de contrôle total sur les passions du corps. Mais une femme peut-elle y parvenir ?

La perfection, c'est un homme aux yeux verts

Quand je signale à Antoinette qu'elle est fascinée par l'image de son contraire, elle acquiesce et va même plus loin dans le contraste : « J'aime mieux un homme... pas gros, pas enveloppé, je n'aime pas les hommes gros... Je me rappelle bien, je voulais être un homme, un homme très maigre ; je me serais appelée Étienne et j'aurais eu des yeux verts. » Dans son élan à devenir son contraire, je relève qu'elle voudrait aussi changer de sexe, comme si l'homme était nécessairement porteur des valeurs qu'elle attache à la maigreur. « Oui, c'est le contraire d'être femme ! Oh ! oui... Pas de seins, pas de fesses. J'aime bien ça aussi. J'aime les androgynes. J'aime bien quand on ne sait pas ce que ça peut être. »

Antoinette, cette femme apparemment sûre d'elle, armée de valeurs bien établies, nantie d'une intelligence supérieure et s'exprimant facilement, la voici prise dans une idéalisation irraisonnée de l'homme ! Freud avait-il donc raison de prétendre que toute femme souffre de l'envie de l'homme, porteur du pénis, signe de privilèges et de supériorité ? Mais Antoinette admire-t-elle réellement les avantages de l'homme, ou est-elle avant tout prise dans le dénigrement de son propre sexe et de ses attributs ? « Pas de seins, pas de fesses », « rien avoir qui pend »... N'est-ce pas là le langage de la caricature transformant les rondeurs féminines en excroissances obèses ? Ne s'est-elle pas faite, à son insu, l'alliée de ces diffamateurs de féminité que sont les imagiers de la mode, lorsqu'ils encensent la femme mince, sans rondeurs, symbole de l'androgyne anorexique qu'est souvent le top model ?

« J'ai des seins normaux, donc probablement comme

tout le monde, je n'en suis pas satisfaite. Mais bon, je me dis toujours que ça pourrait être plus gros. Je le dis probablement par imagination de ce que les hommes veulent ; des gros seins, c'est certainement pas un goût personnel, parce que quand je les voyais grossir pendant ma grossesse, je trouvais ça abject !

– Peut-être que vos seins vous dégoûtaient parce qu'ils risquaient d'entraîner le désir d'un homme », suggérai-je, me rappelant son dégoût d'enfant lorsqu'elle était confrontée aux scènes sexuelles de ses parents.

Le point de vue d'Antoinette est très intéressant, car il rejoint un aspect fondamental de certaines théories féministes : la femme serait tellement soumise aux valeurs sécrétées par la société patriarcale qu'elle les ferait siennes, valorisant les attributs les plus prisés par les hommes. Ses propres désirs seraient déterminés par ceux des hommes, son idéal dessiné par eux, comme lorsqu'elle laisse échapper que – au fond – elle voudrait des seins plus gros, parce que c'est « ce que les hommes veulent ». Mais cette adhésion aux goûts de l'autre sexe est source de conflit.

Si même ses envies lui sont aliénées, dictées par l'homme, on comprend qu'une femme aussi révoltée contre son père ait décidé de détester ce qui, en elle-même, pourrait satisfaire les hommes – les rondeurs féminines. Son dégoût à l'idée d'être un objet de désir pour l'homme (calqué sur son dégoût de ce que son père pouvait faire subir à sa mère) est tel qu'elle préfère, dans l'accomplissement de son désir de maigrir, se défaire de ses attributs féminins jusqu'à en mourir plutôt que d'assumer ses rondeurs. Ainsi, la peur de séduire et le dégoût de plaire – dans la mesure où ils sont ressentis comme une soumission au désir dominateur de l'homme – peuvent devenir une angoisse fondamentale. Pour contrer ce danger, Antoinette se voudrait squelettique comme une anorexique, ou ambiguë comme un androgyne. Elle est prête à n'importe quelle transformation de son corps si celle-ci la prémunit contre l'intrusion dominatrice du désir de l'homme. C'est le lot de nombreuses femmes, refusant de se soumettre au désir d'un autre, et amenées, elles aussi, à l'androgynie et à l'anorexie.

L'indignation des femmes à l'idée d'être réduites au rôle de femme-objet est en partie fondée sur le refus de l'humiliation ressentie lorsque le désir de l'homme s'impose de manière dominatrice. La définition masculine des attributs de son objet (sexy, séduisante, soumise au désir masculin) est ressentie comme une mainmise hostile sur le sentiment d'identité de la femme. Antoinette s'insurge contre cette aliénation lorsqu'elle fustige ses rondeurs de poitrine. Mais, dans son élan d'insoumission, elle dépasse sa cible, allant jusqu'à désirer la mort de la féminité en elle, et son occultation chez sa fille.

Lorsque Antoinette comprend qu'elle est prête à sacrifier une partie d'elle-même pour échapper au regard libidineux des hommes, elle m'explique :

« Je refuse complètement de chercher à plaire à un homme. Je n'aime pas les minijupes, les décolletés ; je trouve bizarre qu'on mette des choses pareilles. Je ne comprends pas à quoi ça sert...

– Et vous ne voulez pas que Gwen devienne trop séduisante, pas plus que vous ne vouliez l'être dans votre famille, quand vous étiez fillette.

– Moi, je rêve qu'elle soit androgyne. J'aime bien les petits poulbots parisiens, comme j'appelle ça. Ce sont des petites bonnes femmes très minces. Elles ont l'air un peu rachitiques, elles sont assez creuses, avec un petit jean et pas trop de seins, des trucs très simples qui passent inaperçus, mais qui ont beaucoup de charme. Elles n'ont pas de trucs trop voyants, trop florissants.

– Et c'est cette image androgyne que vous voudriez qu'elle devienne?

– Eh bien, oui, parce que c'est mon idéal, alors je m'imagine qu'elle serait très bien dans sa peau si elle en devenait une. »

Incarner une image

À entendre cet aveu, on est saisi par la force des images et leur poids sur les destinées. L'attraction d'Antoinette pour la « femme-garçon », pour la maigreur et les yeux verts, rappelle celle que pourrait exercer une icône adorée, mobilisant les foules, capable d'engendrer les élans les plus passionnés. Il est vrai que nous vivons dans une culture où l'image est reine, comme en témoigne l'impact de la télévision, dont les publicités façonnent les goûts et les envies populaires.

Chez l'enfant, les images fortes se construisent très tôt. Elles sont porteuses de ses désirs les plus ardents, de ses obsessions, comme de ses peurs les plus intenses. Nous avons tous le souvenir d'images types, mille fois évoquées, suscitant soit un sentiment de familiarité réconfortant, soit l'angoisse la plus inquiétante. Nous croyons souvent qu'il s'agit de souvenirs : ce sont en fait des *compositions* élaborées à partir de souvenirs réels, transformées par des distorsions engendrées par nos sentiments et nos désirs d'enfant. Fantasme ou cauchemar, le caractère essentiel de cette imagerie est qu'elle se répète sans cesse.

Antoinette a sans doute construit son image idéale de l'androgyne dès l'enfance; sa fonction essentielle a été de combattre ses angoisses liées aux visions (insoutenables pour un enfant de cet âge) de la pornographie parentale, ainsi qu'à son sentiment d'être envahie par ses accès de boulimie. Désormais, c'est à Gwen qu'échoit cette fonction d'image-écran protectrice. Pour réussir cette création, Antoinette, nous l'avions vu dès le début, doit faire de sa fille un contraire d'elle-même, ce qu'elle a cru réaliser en lui imposant discipline alimentaire et anorexie.

L'enfant étranger : une victoire

La bataille pour la barre de chocolat s'est soldée par une victoire. C'est Gwen qui a paru reconnaître la défaite, puisqu'elle a renoncé à son anorexie d'opposition. Mais, nous le savons, les véritables vaincus furent les démons pornographiques de l'enfance d'Antoinette, ainsi que son narcissisme : elle était convaincue (comme Narcisse) que Gwen allait devenir son double. Pour permettre à sa fille d'échapper à cette destinée de reproduction identique, elle avait cherché à lui retirer le désir alimentaire.

Lors de la séance suivante, à celle de la séquence du chocolat, Antoinette se montre satisfaite : « Il n'y a plus aucun problème avec la nourriture. D'ailleurs, Gwen est devenue une étrangère. J'ai réalisé qu'elle n'est pas comme moi ! » N'est-ce pas étonnant qu'une mère soit soulagée de voir que son bébé est différent d'elle, quitte à lui devenir étranger ? Mais nous savons à présent que ce triomphe tient au sentiment de libération qu'a éprouvé Antoinette en comprenant qu'elle réglait son problème d'excès en inculquant l'ascèse à sa fille. En reprenant à son compte l'angoisse des débordements boulimiques, Antoinette prend possession de son conflit personnel, libérant Gwen de la projection dont elle était devenue porteuse. Tous les parents qui parviennent à « décontaminer » ainsi leur enfant des projections qu'ils y ont déposées font la même expérience : ils le voient avec des yeux nouveaux. C'est comme une seconde naissance, psychologique celle-ci. Un enfant neuf se dévoile sous leur regard. Cet enfant, il est autre, il n'est plus leur ombre portée. Cette découverte de l'*altérité* (c'est-à-dire de la qualité d'être autre) est essentielle dans le développement de toute relation parent-enfant. Elle seule permet le respect de l'individualité et l'encouragement à l'autonomisation progressive.

Comment s'est faite cette découverte de l'altérité de Gwen ?

Entre gendarme et cochon

La disparition des symptômes de Gwen coïncida avec la découverte, soudaine, qu'Antoinette fit de l'individualité et de l'altérité de Gwen. Elle expliqua la cause de cette mutation en arguant que jusqu'alors elle n'avait vu sa fille qu'à travers *son* problème personnel de nourriture, donc à travers *elle-même.* La dernière séance lui a fait prendre conscience que Gwen est différente. « Mais, ajoute Antoinette, ça m'a dégoûtée de me soumettre ainsi à l'autorité médicale. Vous m'avez fait voir ce que je faisais avec Gwen et ça a changé mon comportement. Je déteste être lâche ainsi ! » Elle enchaîne en évoquant le film *I, comme Icare* : « Par pure soumission à l'autorité, des gens sont amenés à commettre des sévices horribles. Ils sont lâches, ils cèdent au désir de se soumettre ! »

Je suis sidéré par la violence des sentiments exprimés et par l'image qu'Antoinette s'est faite de notre relation. Je n'avais pas eu le sentiment d'exercer sur elle une telle contrainte, et j'avais peu senti ce qui lui apparaissait comme son désir de se soumettre à moi. J'avais sous-estimé mon emprise, comme d'ailleurs le sentiment de soumission d'Antoinette à son père par le passé. Elle m'avait paru tellement autonome, indépendante d'esprit et, surtout, méprisante envers son père que j'avais minimisé la séduction que peut exercer la situation psychothérapeutique et l'ascendant conféré au thérapeute par le transfert. Je relève l'emploi du mot « dégoût », qu'elle associe à cette soumission à mon autorité : elle avait déjà employé ce terme pour évoquer sa relation à son père et à ses comportements sexuels. Me voici donc pris dans les rets d'un transfert paternel (peu surprenant !), où je joue le rôle du séducteur libidineux (peu flatteur !) et dominateur (peu attendu !).

Un peu blessé par l'attribution de cette image de tortionnaire, je rappelle à Antoinette ce que nous avions perçu au cours de la séquence du chocolat : c'était *elle* qui régissait son enfant comme un gendarme, lui interdisant tout. À quoi elle réplique :

« Oui, mais je n'avais plus le contrôle de ma fille. Vous l'avez laissée tout saloper avec le chocolat ! »

Et voilà, le cochon, maintenant, c'est moi ! J'ai donc hérité les vices de son père : autoritaire et licencieux. Je me rappelle alors qu'en effet j'avais tellement attiré l'attention d'Antoinette sur son hypercontrôle qu'elle avait relâché un moment sa vigilance, ce dont avait profité Gwen pour semer des morceaux de chocolat sur le tapis. (Puis mère et thérapeute avaient fait le ménage ensemble ; là, au moins, il y avait égalité dans les tâches domestiques !) J'avais donc bien « séduit » Gwen à se laisser aller aux délices coupables des « saloperies ». Mais qui étais-je alors aux yeux de la mère ? Un tortionnaire qui abuse du pouvoir que lui confère l'autorité médicale pour mieux la soumettre, ou un satyre n'hésitant pas à entraîner une fillette de onze mois dans des plaisirs pervers ? Et si j'étais les deux ? Antoinette me décrit alors cette même double face chez son père :

« J'arrive bien à imaginer qu'il avait de l'affection pour moi... Mais j'ai peu d'admiration pour lui ; il est amorphe, et puis il emploie deux poids, deux mesures ; en famille, il pète et rote et parle de manière idiote, comme si nous étions trop nulles pour l'intéresser. Et puis, quand notre oncle, qui est curé, nous rend visite, il se conduit bien. »

La nature de son père est donc de se laisser aller (comme elle), mais la présence d'une autorité le transformerait en sujet soumis et obéissant (comme elle aussi, face à l'autorité médicale).

Ainsi on trouve un point commun entre fille et père. Elle, qui se voulait le contraire de son père (puis de sa fille), la voici qui décrit son père comme elle, oscillant entre la débauche et la soumission à l'ordre. Sentir confusément ce parallèle l'angoisse profondément et l'incite, une fois encore, à répudier sa filiation : « Cette soumission à l'autorité [de l'oncle curé] est abjecte. D'ailleurs, dans la famille de mon père, ils sont tous, ou non mariés, ou passifs, ou obèses, ou encore des cas psychiatriques ! » Quelle triste galerie de portraits de famille. Je comprends bien la détermination qui poussa Antoinette, à seize ans, à quitter le domicile familial et la Savoie pour venir s'installer à Genève. En s'éloignant, elle croyait pouvoir renier son appartenance à la filiation paternelle. Mais la fuite ne fait illusion que le temps d'un voyage : en effet, à la naissance de Gwen, elle a entendu une de ses tantes (encore une mauvaise fée) annoncer : « Elle [Gwen] est le portrait de l'oncle Emile ! » L'oncle Emile ? Un oncle paternel, bien sûr ! Et qui pèse cent cinquante kilos. Ainsi, malgré ses efforts de s'éloigner de la lignée paternelle, on lui rappelle par son enfant que, lorsqu'on chasse le naturel (familial) par la porte, il revient aussitôt par la fenêtre. On ne peut renier l'héritage familial.

N'ai-je pas fait la même chose, peut-être à mon insu ? J'ai démontré à Antoinette qu'elle exerçait un contrôle « policier » sur les initiatives de sa fille tout en lui expliquant qu'elle était soumise à des envies face auxquelles elle ne pouvait que se laisser aller. Puis, devant moi, muni de l'autorité attribuée au médecin par la culture, elle a troqué son rôle d'éducatrice intransigeante contre celui d'élève soumise à mon influence doctorale. C'est par ce double transfert qu'elle a pu saisir, confusément, qu'elle est, malgré tout, de la même veine que son père, ce qui lui a permis de réintégrer la filiation paternelle. Comme lui, elle oscille entre la débauche (des boulimies) et l'adhésion à l'autorité (médicale d'une part, mais aussi l'autorité qu'elle s'arroge pour régenter sa fille).

Elle avait cherché à annuler son affection pour son père, sa filiation à l'héritage paternel et sa soumission aux valeurs transmises. Ce faisant, elle ébranlait son identification au père, comme si elle descellait la pierre que constitue l'image de son père dans la construction de sa propre personne. Annuler l'image de son père, voilà son programme. Et pourtant on se souvient de son désir d'être homme : « Je voulais être un homme, un homme très maigre ; je me serais appelée Étienne et j'aurais eu des yeux verts. » Elle avait voulu chasser l'homme par la porte...

Il est toujours difficile d'admettre qu'on est comme celui dont on a toujours cherché à se différencier et qu'on lui est, au fond, semblable. C'est ce qu'Antoinette a dû faire au cours de ces séances. Après tout, elle se trouvait plus de points en commun avec son père –

gendarme et cochon – qu'elle n'avait osé l'avouer. Réintégrant ainsi le sillon familial, elle a pu reconnaître la nature différente de Gwen et la libérer de la responsabilité d'une lutte qui n'incombait qu'à elle. Elle avait dévolu à sa fille le rôle de l'insoumise au pouvoir de la séduction, croyant par là lui éviter la soumission abjecte à l'autorité (paternelle autrefois, médicale aujourd'hui). À présent qu'elle tolérait de se reconnaître comme la fille de son père, avec tous les sentiments attachés à cette relation, elle pouvait reprendre à son compte sa lutte contre l'hégémonie paternelle et libérer sa fille du devoir d'insoumission. La vraie victoire dans l'évolution de ce traitement fut la découverte par Antoinette que sa fille ne devait plus nécessairement mener les batailles de sa mère. Elle avait droit à la différence.

Quatre ans plus tard

Après la fin de ce traitement, j'ai revu la famille à plusieurs occasions. Un nouvel enfant s'annonçait et les parents étaient soucieux d'éviter avec celui-ci les problèmes rencontrés avec Gwen. Ils me racontèrent les difficultés qu'avait eues Gwen à la naissance du petit frère, Mathieu. Puis, un jour, Antoinette demanda une consultation d'urgence : elle se dit très irritée et angoissée par l'attachement excessif que Gwen (âgée de cinq ans) manifeste à une autre fillette, Anne. Elles sont collées, comme fusionnées, très accrochées l'une à l'autre, une dépendance qui exaspère Antoinette. Elle n'aime pas voir sa fille jouer à la petite maman avec Anne, et déteste qu'elle prenne le chemin des « jeux traditionnels des petites filles »... « Ça m'énerve au plus haut point qu'elle joue aux poupées...

Je préférerais le vélo... Je déteste l'idée qu'elle s'enferme dans un rôle de petite fille typique. » Comme je vois à nouveau poindre l'angoisse liée à l'identité féminine et son influence sur la relation avec la fillette, je rappelle à Antoinette sa hantise du féminin qu'elle croit déceler dans l'attachement « maternel » de Gwen à Anne. Il est probable que Gwen reproduit avec Anne les comportement maternels avec le petit frère, Mathieu, pour faire face à son sentiment d'exclusion de cette relation. Antoinette reconnaît cette hantise d'un développement féminin « traditionnel », ajoutant qu'elle-même avait toujours été un garçon manqué. La permanence de ce thème n'est pas étonnant, il était déjà bien présent quatre ans auparavant, lors de nos premiers contacts.

Ce qui surprend, en revanche, c'est l'émergence d'un nouveau symptôme chez Gwen : elle m'évite de façon systématique, refuse de me parler, s'arrangeant par son comportement pour que je me sente rejeté. Cette attitude d'évitement et de refus subsistera au cours des séances suivantes. Avant même les séances, elle a annoncé tout net à sa mère qu'elle refusera de me parler ou de jouer avec moi. Elle se colle à sa mère comme un koala, la tête enfouie dans son cou pendant une heure. Au cours d'une autre séance, elle se faufile derrière le fauteuil de sa mère, cachée de moi par le corps maternel, seule sa tête dépassant parfois. Elle se couvre les yeux des mains, comme pour s'assurer qu'il n'y aura aucun contact avec moi. Mais, furtivement, elle me lance de temps en temps des regards curieux, qu'elle détourne dès que je l'aperçois.

Gwen a décidé d'entrer en opposition avec moi. Je suis l'ennemi à éviter. Son comportement est extraordinairement entêté, rien ne peut la détourner de son projet ; sa défense est en béton armé. Il me semble que je n'ai aucune chance de lui faire changer d'attitude, même si je perçois, par ses regards furtifs, une fascination. Son nouveau symptôme est l'opposition absolue à tout échange consenti à l'homme que je suis. On ne peut pas prétendre que je sois un étranger ; elle m'a vu à plusieurs reprises depuis quatre ans, et ses parents me considèrent comme un intime. Il s'agit d'un évitement de l'*homme*, concrétisé par un refus et une opposition inflexibles, qui ne sont pas sans me rappeler son ancienne résistance à la séduction de la nourriture. J'interprète sa réaction rigide et obtuse comme une résistance armée contre une tendance jugée irrépressible. Comme elle avait dû autrefois détourner la tête et pincer ses lèvres, elle devait maintenant éviter tout contact avec moi. Le danger de la tentation alimentaire se retrouve maintenant dans celui de céder à la séduction de l'homme. Je dois abandonner tout espoir de la séduire et toute tentative de modifier sa froideur. Elle me fait savoir qu'elle ne cédera jamais à mes approches. Sa détermination est telle que, en effet, je renonce à tout essai de négociation. Je me détourne d'elle et dirige mon attention sur sa mère. Gwen a gagné !

Je suis assez irrité par la fin de non-recevoir imposée par son comportement, et plutôt humilié de me sentir ainsi exclu. Ce sentiment, si puissamment induit par son comportement, me fournit une piste : Gwen veut que je me sente incapable dans mon pouvoir de séduction, comme Antoinette avait voulu annuler l'attraction exercée par son père. Une fois encore, elle est le porte-parole de sa mère, faisant sienne la lutte contre l'hégémonie masculine et la révolte contre la soumission au pouvoir de séduction des hommes. La résistance à la tentation qu'elle a apprise à l'égard de la nourriture, elle la met aujourd'hui en pratique pour résister à ma séduction. Elle a démontré à sa mère qu'elle savait dire non à l'orgie alimentaire ; à présent, elle lui montre qu'elle sait se soustraire à l'emprise du charme d'un homme. Ce faisant, elle donne à sa mère la preuve qu'elle parvient à inspirer à un homme mûr le sentiment de son impuissance. Voici deux femmes et un homme. L'une jouit secrètement que l'autre parvienne à soumettre cet homme. Les rôles sont passés de la mère à la fille : Antoinette avait haï se soumettre à mon autorité médicale, maintenant elle envoie Gwen en première ligne pour me faire sentir la nullité de mon pouvoir !

La permanence des attitudes

En voyant des enfants très jeunes, on ne peut s'empêcher de se laisser aller à des prédictions. Lorsqu'une attitude est bien assurée chez un bébé et qu'elle correspond à un besoin chez les parents, on peut penser que ces caractéristiques auront la vie longue. Si, heureusement, la pratique et l'expérience corrigent les prévisions trop ambitieuses, elles rappellent aussi qu'il y a des constances. Bien souvent, on retrouve à l'adolescence les traces de choix opérés très tôt.

L'évolution de Gwen est, à ce propos, fort instructive. Elle a abandonné son anorexie, et son alimentation ne présente plus aucun problème. Mais sa résistance, son besoin de ne pas se laisser prendre par le désir d'un autre (maintenant mon désir d'entrer en relation avec elle ; autrefois, le désir de sa mère de la nourrir) sont restés permanents. L'objet de la tentation n'est plus le même, mais la stratégie de résistance systématique reste inchangée.

Quand je transmets à Antoinette mon interprétation du comportement de Gwen, elle n'en est pas étonnée, car elle-même « ne cède jamais à la séduction d'un homme ». Elle comprend que ce qui l'inquiétait dans cet attachement de Gwen, c'était la démonstration d'une *dépendance affective*, considérée comme une faiblesse. Cela ne lui plaît pas non plus de voir Gwen devenir une « fillette traditionnelle ».

On sent bien qu'Antoinette redoute autant la dépendance affective que la soumission au désir d'être séduite. Pour elle, ce sont là des attributs plaçant la femme en situation de faiblesse. Elle se réjouit donc de l'inflexibilité de Gwen : ainsi, se rassure-t-elle, sa fille ne se laisse pas aller au rôle féminin traditionnel.

De plus, on voit dans la permanence du refus de Gwen une collusion entre les besoins de la mère et ceux de la fille. Pour la fillette, l'opposition lui permet de lutter contre les angoisses liées à son complexe d'Œdipe. Elle refuse simplement toute relation avec un séducteur potentiel. Cette attitude prémunit simultanément sa mère contre l'image honnie dès l'enfance, celle d'une fillette séduite par son père. C'est une revanche contre l'humiliation de la soumission à la séduction exercée sur elle, par son père, puis par moi. Antoinette ne peut s'empêcher, une fois encore, de dépeindre un tableau peu flatteur de son père. Avec l'âge, il est devenu alcoolique. Il va régulièrement rendre visite aux trois sœurs d'Antoinette. Lorsqu'il arrive chez l'aînée, une femme plutôt rigide, elle lui refuse le moindre verre d'alcool. La deuxième sœur, plus résignée, place spontanément la bouteille devant lui et le laisse céder à son penchant. La troisième a pitié de lui, le gâte et le console. « Quant à moi, déclare Antoinette, vous comprenez pourquoi j'ai quitté la maison à seize ans. » Elle est probablement la plus intransigeante des quatre sœurs. Pour elle, pas de demi-mesure : elle oppose un refus absolu à tout compromis avec le père. Seul l'éloignement pouvait permettre une condamnation sans appel du père, auquel elle a ainsi dit non définitivement. Gwen, elle, refuse de céder à mes tentatives d'approche. C'est le même combat.

Peu à peu, Antoinette a compris qu'elle partageait trop ses problèmes avec Gwen, s'inquiétant chaque fois qu'elle décelait chez sa fille des signes de faiblesse ou de dépendance, qui menaçaient d'en faire une « fille traditionnelle ». Ayant conscience de la permanence de ces conflits et de la façon dont elle les transmettait à Gwen, elle a pris la sage décision d'entreprendre une psychothérapie.

3

L'histoire de Stella et Sabrina
ou
Comment enseigner l'indépendance à un bébé

Comment la culture vient-elle aux bébés?

Qu'est-ce qui nous fait dire qu'il y a une âme slave, que les Latins sont machistes et que les Suisses sont des maniaques de l'ordre et de la propreté? Comment se fait-il que tant de Britanniques adoptent en tout une attitude de réserve et que les Japonais nous semblent si respectueux de la hiérarchie? Pourquoi les gens du Nord sont-ils si différents de ceux du Sud?

Chaque peuple est marqué par des préjugés produits par ses voisins afin de mieux souligner la différence qui caractérise toujours « l'étranger ». Mais ces caractéristiques, même si elles s'estompent un peu lorsque s'établit un contact direct et approfondi, s'impriment sur les attitudes, les conduites et une certaine vision de la vie et des relations, typiques d'une culture nationale. Il existe indubitablement une culture de groupe faite d'une série de traits de caractère communs. Ces traits concernent de nombreux aspects de la personnalité. Il y a tout d'abord la définition des valeurs fondamentales, de ce qui est vénéré comme idéal, méprisé comme inacceptable. Toute une série de comportements est déterminée selon cette référence à un système de valeurs.

Ces comportements touchent tous les domaines.

Quels sont les plaisirs recherchés ou interdits? Comment communiquer avec autrui? Comment entretenir les relations? Comment réduire ou maintenir la distance? Autant de choix et de styles qui vont régenter l'échange social.

La définition d'un caractère de groupe se construit sur une constellation de prédilections et d'évitements traduits dans les attitudes les plus modestes et quotidiennes, qui peuvent être étudiées de nombreuses façons : les anthropologues évaluent les us et coutumes d'un groupe social; les sociologues mettent en évidence les règles de fonctionnement des groupements humains; les démographes, à partir de chiffres révélant l'organisation des populations, déterminent les mentalités sous-jacentes. Comment un psychiatre pour enfants peut-il contribuer lui aussi à la connaissance d'une culture et de sa transmission?

Il peut intervenir à trois niveaux : 1) des adultes lui exposent leurs valeurs les plus chères, qui restent souvent inconscientes; 2) en tant que parents, ils montrent comment ils transmettent ces valeurs à leurs enfants, en particulier par leur interprétation de l'éducation; 3) les enfants, eux, réagissent à ces valeurs imposées soit en les intériorisant, soit en les rejetant. À chacun de ces trois niveaux, le psychiatre apporte sa vision de ce qui construit l'*individu*, plutôt que le groupe, et une analyse *psychologique*, plutôt que sociologique. Il s'interroge sur la motivation qui fait « choisir » telle valeur au lieu de telle autre et explique ces choix par des tentatives de défense psychologique face à des angoisses bien déterminées.

Enfin, et surtout, il fait ressortir les mécanismes de transmission de ces valeurs, par l'effet des identifications croisées et réciproques entre parents et enfants : les parents veulent identifier l'enfant à leurs valeurs les plus précieuses, et l'enfant, lui, fait de son mieux pour faire siennes les préférences parentales. C'est dans le domaine de l'établissement d'une filiation éthique, d'une inscription de l'enfant dans la lignée de la tradition familiale que le psychiatre peut apporter sa contribution pour répondre à la question : « Comment se transmet la culture ? » ou encore : « Comment se construit un caractère ? »

La fabrication d'un caractère

Dans l'histoire qui suit, on verra comment Sabrina, une petite fille de quatorze mois, a déjà manifesté son souci de faire sienne une série de valeurs chères à sa mère : l'indépendance, l'intrépidité et le volontarisme. Nous tenterons de remonter à la source de cette éthique, que je résumerai sous le vocable « volonté de fer », ce qui nous ramènera jusqu'à quatre générations en arrière. En remontant ainsi dans le temps, nous débusquerons les contraintes et les angoisses d'origine qui engendrèrent ce caractère de fer, dont on peut déjà dire qu'il était indispensable à la population des pionniers du Grand Nord au tournant du siècle. Pour comprendre les raisons du trouble du sommeil de Sabrina, nous devrons recourir à un double éloignement sur un autre continent, l'Amérique du Nord, et à une autre époque, le début du XXe siècle.

Les femmes de fer

Stella est une jeune femme blonde, bronzée, d'allure sportive. Elle ne se dépare que rarement d'un sourire qui laisse entendre qu'elle dirige sa vie avec succès. Sa fille Sabrina a quatorze mois ; depuis sa naissance, elle n'a jamais bien dormi. Ce problème ne l'a visiblement pas plus atteinte que sa mère : elle aussi est très active, engageante jusqu'à l'effronterie et étonnamment dégourdie pour son âge. Elle ne manifeste aucune inquiétude face à l'étranger que je suis, explore librement mon bureau et montre une habileté précoce dans ses mouvements.

Je suis frappé par la vivacité et l'énergie dégagées par la mère et la fille, et je m'étonne, dans un premier temps, qu'un trouble du sommeil soit venu perturber leur complicité. En effet, elles semblent s'entendre à merveille, leurs échanges sont diversifiés et chaleureux.

Mais Stella va rapidement me dire deux choses qui m'éclairent sur la raison de son angoisse face aux insomnies de Sabrina. D'abord, elle se rappelle avoir eu elle aussi des difficultés à dormir étant enfant. Un souvenir précis lui revient alors en mémoire. Elle se voit, toute petite, seule dans un lit à barreaux, avec le sentiment d'être enfermée, alors qu'apparaît, derrière les barreaux, le visage de sa mère. Elle se plaint de n'avoir jamais eu *libre* accès à sa mère, laquelle lui aurait témoigné peu d'affection. Ainsi, pour Stella, *l'acquisition de la liberté* est le plus grand bien que l'on puisse assurer à un enfant, et elle l'offre, à sa façon, à Sabrina : au moindre de ses appels nocturnes, elle accourt, soucieuse d'assurer à sa fille le libre accès permanent à sa mère.

Mais dans cet élan de sollicitude Stella a fait de Sabrina un véritable petit tyran. Sa mère est maintenant exaspérée par ses exigences nocturnes. D'autant plus que Stella est une femme très indépendante, détestant subir les ordres de quiconque : « Mon mari sait combien je tiens à mon autonomie... C'est grâce à ça que notre mariage tient. »

La seconde chose concerne son père, ressenti comme très autoritaire. Il a profondément déçu sa fille en quittant le domicile conjugal pour sa maîtresse. Stella avait alors trois ans. Le père et la fille n'ont renoué que très récemment. Dans l'élan de l'évocation de ce souvenir douloureux, elle m'explique qu'elle n'a jamais supporté l'autorité de qui que ce soit. Au bureau, lorsqu'un de ses patrons s'était permis de lui donner un ordre, elle lui avait opposé une attitude de défi et de résistance qui l'avait remis vertement à sa place.

Ainsi, d'emblée, Stella, sans jamais se départir de son sourire désarmant, me fait sentir qu'elle n'est pas quelqu'un de soumis et que les hommes doivent l'accepter telle qu'elle est s'ils désirent maintenir la relation. À bon entendeur, salut ! À l'évidence, elle éprouve beaucoup de plaisir à retrouver chez sa fille ce sens de l'autonomie et cette assurance. Elle a dû tant et si bien développer ce tempérament autoritaire chez Sabrina que, l'élève dépassant la maîtresse, elle en subit aujourd'hui les abus tyranniques.

Stella est donc prise dans les feux croisés d'un conflit qu'elle a elle-même agencé. Elle veut sa fille volontaire, résistante à toute oppression, guidée par son seul désir. Et la petite Sabrina se montre parfaitement à la hauteur de ce rôle d'acier. Mais, en même temps, Stella se retrouve dans la situation qu'elle exècre : devoir se soumettre à l'autorité d'autrui, ce qui la renvoie à sa hantise des despotes peuplant ses pensées.

Mais pourquoi cette femme, qui prise l'autodétermination et pousse – de jour – sa fille dans cette même voie, se laisse-t-elle aller, la nuit, à un tel excès de sollicitude ?

Les deux faces de la médaille

À cause d'une image qui continue de la hanter, suis-je tenté de répondre : celle qui la représente, enfant, la nuit, derrière les barreaux de son lit, privée de sa mère à une époque où elle n'avait pas encore la liberté de tout entreprendre. C'est cette face de faiblesse et de dépendance qu'elle cherche, depuis son enfance, à expurger par le développement de son contraire : une autodétermination de fer. Lorsqu'elle accourt au chevet de Sabrina, elle protège par procuration l'enfant délaissée qu'elle a elle-même été. Elle ne sait que trop bien combien il lui en a coûté de devoir faire face toute seule aux angoisses nocturnes. Mais le jour venu, lorsque la lumière gomme les angoisses de la nuit, l'autre face d'elle-même reprend le dessus ; le réveil ouvre à nouveau la porte aux joies de l'activité et lui rend le goût de l'indépendance. C'est cette face qu'elle veut voir dans le comportement de sa fille lorsqu'elle la pousse à l'action et à l'affirmation de sa volonté. Alors que, la nuit, elle la protège à l'excès, elle l'expose précocement à l'aventure le jour.

Quel contraste entre ces deux faces de la médaille ! Comment une enfant pourrait-elle concilier ces deux extrêmes dans la constitution de sa personne ? Quel sera le prix de ce conflit entre deux identifications aussi opposées ?

Une vie à deux temps

Pour nous tous, la vie s'égrène selon un rythme à deux temps. Il y a le moment du jour, de l'exercice des sens et de l'activité, puis vient la nuit, avec son extinction des sensations et du mouvement. À chacune de ces phases correspond une manière d'être, et même de penser. Et, pour certains, elles sont tellement hétérogènes que la transition d'un état à l'autre pose problème.

Prenons un exemple type : l'enfant hyperactif, extraverti, ne supportant pas un moment d'inaction. Pour lui (c'est souvent un garçon), le réveil agit comme le déclic qui actionne une machine fonctionnant continuellement en sur-régime. Il a besoin de stimulation et s'en crée si elle vient à manquer. Il n'aime pas l'école, car il faut rester en position assise et se concentrer. Il préfère l'agitation et la dispersion des idées. Pour beaucoup de ces enfants, la transition vers le sommeil est très pénible. Le monde de la nuit, avec son immobilité forcée et l'abandon des sensations, est perçu comme une menace. L'enfant doit abandonner le sentiment de puissance que lui donne l'hyperactivité et renoncer aux sensations pour se laisser ensevelir par des images de rêves et de cauchemars. De puissant il est réduit à subir ; d'actif il devient passif.

Il en va un peu de même pour les enfants précoces. Leurs parents et eux-mêmes tirent toute leur fierté de l'acquisition rapide et prématurée de nouvelles performances. Ils sont fiers de voir leur bambin marcher à dix mois. Quand, à quinze mois, il s'en va tout seul s'aventurer dans un parc, on le trouve irrésistible. Puis on le trouve génial, à dix-huit mois, quand il dit des mots compliqués et on admire tout ce qu'il arrive à faire sans assistance, de sa propre initiative, comme un petit adulte.

Visiblement, Sabrina appartient à cette espèce particulière. Elle prend le plus grand plaisir à faire la démonstration de ses prouesses motrices. Lorsqu'un jour elle parvient à gravir toute seule les dix marches d'un escalier dans mes locaux, Stella a un éclatant sourire de fierté : « Tu es irrésistible ! » lance-t-elle à Sabrina, qui se retournait vers elle.

Le plaisir partagé est évident. Rien ne résiste à la volonté de Sabrina, rien ne l'arrête. Elle ne connaît pas l'humiliation infligée par l'acceptation des limites. C'est une battante, et sa mère se réjouit de la voir gravir les échelons de la vie quatre à quatre. Voilà qui la rassure : sa fille ne sera jamais arrêtée dans son élan vers la conquête de son indépendance. Ce comportement recouvre et occulte l'image du petit bébé souffrant de solitude derrière les barreaux de son lit. D'ailleurs, la devise de Stella est claire : « La chose la plus importante à enseigner aux enfants est le sens de la liberté. » Elle le lui a tellement bien inculqué, ce goût de la liberté et de l'autonomie, que Sabrina montre des compétences caractéristiques d'un stade plus avancé de quelques mois. L'enfant est la comparse de sa mère dans cette course d'obstacles. Visiblement, elle est enchantée de ses performances, y trouvant à la fois une source de fierté et l'approbation de sa mère.

Là où le bât blesse, c'est que cette accentuation de la compétence motrice et de l'initiative exigent un effort considérable, et, plus grave, un déni des attitudes et à des besoins d'une toute petite fille de quatorze mois. À cet âge, normalement, elle devrait régulièrement se laisser aller au désir d'être encore un bébé. Ce droit à la régression (c'est-à-dire au retour à des attitudes et à des besoins typiques d'un stade de développement antérieur) est compromis chez Sabrina, car il entre en conflit avec la politique d'émancipation, d'activisme et de précocité qui unit la mère et la fille.

La régression nocturne

Pour cet enfant précoce, l'entrée dans la nuit est une réelle menace. Pour basculer dans le sommeil, elle doit renoncer en quelques instants à toutes les activités dont elle est si fière et qui font d'elle une héroïne « irrésistible » aux yeux de sa mère. Plus de performances athlétiques, plus de preuves d'indépendance. De surcroît, l'entrée dans le sommeil enclenche un processus de régression. L'enfant (comme, plus tard, l'adulte) doit abandonner l'exercice de la logique et de la vigilance et troquer le monde de la raison contre celui du rêve. De plus, le sommeil impose une séparation ; chacune est dans sa chambre, séparée de l'autre par l'obscurité de la nuit. Cette solitude forcée fait resurgir les craintes du bébé et les désirs d'union avec la mère protectrice. Cela permet d'ailleurs à l'enfant de se ressourcer, et ce pour son plus grand bien : autant il s'est essayé à l'autonomie et à l'indépendance pendant le jour, autant il profitera d'un retour à des positions plus dépendantes pendant la nuit. Le sommeil entraîne nécessairement ce genre de retour aux sources. Il porte en lui le symbole d'une résurgence de l'état de dépendance infantile. Selon la façon de concevoir ce retour à la prime enfance, la nuit sera soit une mère accueillante, soit la sorcière dévorante des cauchemars.

Pour Sabrina, la nuit est forcément une perte. L'obscurité la prive à la fois de l'exercice de performances nouvellement acquises et du regard admiratif de sa mère. Stella l'a bien compris, puisque, la nuit, elle sent sa fille très fragile, comme l'était, dans son souvenir, la petite prisonnière derrière les barreaux de son lit d'enfant.

J'évoquais plus haut le prix que Sabrina devrait

payer pour sa double identification avec 1) l'idéal maternel d'autonomie et 2) l'image de la petite fille isolée dans le lit à barreaux. Ce prix est le *réveil nocturne* : Sabrina ne peut s'abandonner dans les bras de Morphée et se laisser aller à la régression réparatrice du sommeil. Dans sa fuite en avant, elle ne peut se permettre de pause ; l'entrée dans le sommeil ouvre la porte à des cauchemars qu'engendre le retour intempestif du bébé qui sommeille au fond d'elle. Il n'est donc pas étonnant qu'elle crie plusieurs fois au cours de la nuit pour appeler sa mère, comme si elle devait se raccrocher à Stella, de peur de tomber dans le trou d'une régression sans fin, faisant d'elle un bébé amorphe et solitaire. Elle craint de devenir un être privé de mouvements qui devrait exercer sa liberté sans le soutien de ses jambes dans cette course d'obstacles qu'est sa vie. Pour un tel enfant, le sommeil est un danger d'extinction. Tendue vers le progrès prometteur du futur, elle ne peut se permettre un retour en arrière. Le jour, c'est l'avènement de la fille de fer ; la nuit, c'est le retour du bébé abandonné.

Femme de fer, fille de fer

J'avais bien compris la raison, chez Stella et Sabrina, de la peur de la régression à l'origine du trouble du sommeil. Mais il me fallait maintenant comprendre pourquoi un volontarisme à tout crin avait pris une telle prépondérance. Pourquoi le sourire de Stella et l'enthousiasme de Sabrina dépendaient-ils à ce point de l'exercice de l'indépendance ? À quoi remontait ce besoin de prouver une telle volonté de fer ?

Pour trouver une réponse à ces questions, Stella va m'engager à remonter le cours de son histoire et de celle qui l'a précédée, d'une génération à l'autre, jusqu'à celle de sa grand-mère, pionnière dans le Grand Nord canadien. Nous allons découvrir ainsi la « préhistoire » de Sabrina, et l'origine d'une longue tradition de femmes de fer, des années en arrière, dans les tourmentes glaciales, chez les Esquimaux. Une cohorte de femmes intrépides défilera devant nos yeux, à commencer par la mère de Stella, arrivée du nord du Québec à Genève pendant ses vacances. Stella est fière de sa mère. Elle est le modèle d'une femme forte qui a dû prendre la famille en main après le départ de son mari, entreprenant des études de médecine à la force du poignet. Elle tient tellement à son indépendance qu'elle ne s'est jamais remise en ménage depuis. Elle vit seule, dans un village retiré d'une province du Nord. Quelle opposition entre ce caractère bien trempé et l'image de la petite fille abandonnée derrière les barreaux de son lit !

J'en viens à me dire que cette indépendance affichée pourrait bien cacher une peur de toute dépendance, ce qui m'est bientôt confirmé par Stella : de la manière la plus détachée, elle me raconte que sa mère l'a récemment informée du projet de se suicider dans trois ans, tant elle redoute de devenir infirme avec l'âge, comme l'avait été sa propre mère, et de devoir *dépendre* des autres. Quelle mesure radicale pour éviter la dépendance ! Quel idéal impitoyable d'autonomie et de détermination ! Était-ce là l'origine de ce scénario des « femmes de fer » ?

Encore une génération va apparaître, puis une autre. La grand-mère de Stella faisait l'objet d'un culte familial : elle avait enfanté huit fois, la première fois hors mariage (signe d'une indépendance carrément déviante à l'époque). Maîtresse femme, elle avait prouvé son courage et affiché son idéal d'autonomie en choisissant le suicide, une maladie invalidante risquant de faire d'elle un fardeau pour ses proches. Cet héroïsme suicidaire faisait l'admiration de Stella. Un héroïsme qu'elle reprend comme modèle, à sa manière : elle me déclarera avec fierté que, pour accoucher de Sabrina, elle a mis cinquante et une heures (!) – cela se passait dans une région qui s'enorgueillissait d'avoir la plus faible proportion de césariennes du pays... –, comme si cette endurance face à la douleur lui assurait d'être, à son tour, une « femme de fer ».

L'héritage d'une arrière-grand-mère

La tradition familiale rapporte qu'à l'époque des pionniers du Grand Nord l'arrière grand-mère de Stella, originaire d'une tribu d'Esquimaux, avait fondé un village dans la toundra. Pour elle, l'autodétermination était la condition de la survie dans un environnement extrêmement hostile.

On ne peut qu'être saisi par cette transmission d'une éthique d'indépendance et de volonté qui s'est poursuivie de mère en fille sur cinq générations. Les cultures et les traditions de famille s'héritent ainsi, faisant de chaque fille l'équivalent de sa mère.

Lorsque Stella contraint Sabrina à une indépendance prématurée, elle ignore qu'elle essaie de protéger sa fille (et elle-même) contre les angoisses qui devaient saisir son arrière-grand-mère dans son isolement du Grand Nord. Ce qui était une nécessité d'antan, dictée par la rudesse de l'environnement et la culture ambiante, est aujourd'hui devenu une vertu hautement prisée, ce qui fait dire à Stella, confortablement installée dans la sécurité d'une société protectrice : « La chose la plus importante à apprendre aux enfants est le sens de la liberté. » Comme si son enfant devait encore être préparée à affronter les loups et les blizzards, qui menaçaient son arrière-arrière-grand-mère.

La nuit dans la toundra

Pourquoi Sabrina ne dormait-elle pas ? Et surtout pourquoi a-t-elle appris au cours de nos entretiens à dormir sans réveils nocturnes, alors que, jusque-là, elle n'avait jamais fait une nuit complète ?

Stella avait inculqué à sa fille la liberté de tout entreprendre... sauf de se laisser aller au sommeil. Inconsciemment, elle craignait qu'en s'abandonnant au sommeil, Sabrina s'expose à toutes sortes de dangers : la menace de la nuit, celle de l'abandon. Et Sabrina avait appris que, pour plaire à sa mère, elle devait rester toujours en éveil, vigilante, sans jamais céder aux régressions et à la passivité démunie du sommeil. Stella ne lui a-t-elle pas transmis que les prédateurs qui hantent la toundra rôdent encore la nuit ?

Et qu'avons-nous fait, sinon adoucir l'intransigeance qui interdisait à Sabrina de s'abandonner dans les bras de Morphée ? Sabrina s'est mise à dormir quand Stella a pu retirer du berceau le voile noir de cette angoisse nocturne.

On peut dire que la culture se transmet par amour, l'héritage éthique partagé étant le ciment de l'affection réciproque entre les générations : grand-parents, parents et enfants. Les parents construisent un monument commémoratif, gage d'amour pour leurs propres parents, lorsqu'ils inculquent des valeurs précieuses à leurs enfants. Et les enfants gratifient leurs parents en se montrant dignes de l'héritage moral. Quand cette transmission s'effectue sans heurts, elle est le garant de la continuité favorisant l'illusion d'immortalité. Quand elle se passe mal, elle se fait aliénante, entraînant la rébellion ou la soumission des enfants. Et, malheureusement, c'est souvent de cette transmission-là que naissent les perturbations psychiques, motivant le recours au psychiatre.

L'origine de cette histoire de « femmes de fer » semble donc se situer dans les paysages tourmentés du Grand Nord. Mais quelle est la place de Sabrina ? À la fin de la chaîne des « femmes de fer », ou bien au milieu d'une filiation dont elle n'est qu'un maillon ? À moins qu'elle n'initie une nouvelle tradition dont on considérera, dans cent ans, qu'elle en a été l'origine ?

Nous nous croyons tous au centre du temps. Nous oublions ceux qui nous ont précédés et nous n'imaginons pas les prochaines générations. Mais, heureusement, grâce à nos enfants, nous nous relions à notre histoire passée et nous tissons notre avenir.

Dès son plus jeune âge, Sabrina a reçu un message : quand on est femme, il faut développer une volonté de fer, afin d'éviter la déchéance de la dépendance. Jamais elle ne saura que ce précepte est le fruit d'une histoire vieille de cinq générations. Les dangers du Grand Nord canadien ne la concernent pas. Et pourtant subsiste la nécessité de faire face et de s'armer, comme si les loups étaient encore derrière la porte. Sabrina a continué la lignée des « femmes de fer » en développant les qualités nécessaires à la survie des pionnières. C'est cette culture-là qu'elle a intériorisée et reproduite.

Chaque génération reprend le fil des valeurs tissées avant elle, le remettant au goût du jour, l'exprimant selon les exigences du moment. Sabrina pourra tirer parti de cette volonté de fer que sa mère lui a insufflée dès sa naissance. Elle y aura recours face aux défis de l'école, puis de la vie professionnelle, puis, peut-être face aux épreuves qui la frapperont. Elle pourra s'enorgueillir de son caractère bien trempé et se sentir à l'aise dans sa lutte pour survivre dans la société moderne, par bien des côtés aussi hostile que les terres du Grand Nord de ses ancêtres.

Les hommes dans une histoire de femmes

Jusqu'ici, il n'a été question que de femmes et de tradition féminine. Nous n'avons évoqué que des portraits de pionnières. Mais quel était le rôle des hommes dans ces destinées de fer? A-t-il été si insignifiant qu'il n'apparaît même pas dans le récit, ou s'agit-il d'une occultation sélective agencée par Stella pour mieux glorifier la force des femmes ? Faut-il estomper le profil masculin pour mieux faire ressortir le féminin ? Affaiblir le caractère des hommes pour réserver la fermeté à celui des femmes ? Femmes de fer, hommes de paille ?

Que Geneviève Delaisi de Perseval ait intitulé son livre *La Part du père* (10) laisse à penser que cette part est sous-estimée ou menacée. Dans notre histoire, comme dans bien des situations de psychiatrie infantile, elle l'est aussi. Le père reste en retrait (le plus souvent, c'est la mère qui prend contact avec le psy), ou bien il est disqualifié dans le récit maternel, ou encore il est trop peu sollicité par le thérapeute. Soulignons que, lors des premières consultations, Stella, habituée à prendre les choses en main, n'a pas cru bon de venir accompagnée de son mari. On se souvient qu'elle l'avait pourtant mentionné très tôt dans son récit, disant que leur mariage tenait grâce au respect que son mari avait de sa liberté à elle. Cette description, certes positive, privilégiait toutefois les besoins de Stella. Jacques, le mari, apparaît donc moins en relief qu'en creux.

Le père de Stella, on s'en souvient, avait abandonné le foyer conjugal et elle ne le revoit que depuis peu. Son image reste très nettement négative. Quant à son grand-père, il s'était évaporé ; la grand-mère, enceinte puis abandonnée, avait dû s'exiler pour fuir l'opprobre de sa condition. L'arrière-grand-père n'est apparu que brièvement dans le récit de Stella, alors qu'elle décrivait l'héroïsme de son arrière-grand-mère, fondatrice d'une communauté dans la toundra du Grand Nord.

Le père et le grand-père brillent donc par leur absence. Ces deux vides ont apparemment entraîné une dévalorisation du rôle de l'homme dans le récit de Stella, alors que, par contraste, ressort la poigne de fer des femmes qui luttent pour leur survie.

Je suis bien curieux de savoir sous quel jour apparaissent les hommes présents dans la vie de Stella. D'abord celui qu'elle a choisi, son mari, puis celui qu'elle a engendré, Marc, le frère aîné de Sabrina.

Père et fils

Du mari je n'ai qu'une image approximative. Il semble conciliant. Cela peut être pour le meilleur (un homme compréhensif) ou pour le pire (un « molachu », soumis à la volonté de Stella). Or la réalité ne correspond pas du tout à ce que j'imaginais.

Ma rencontre avec les hommes de la vie de Stella a lieu cinq ans après la première consultation pour Sabrina. Stella m'appelle pour me demander de voir Marc, un garçon de huit ans et demi, l'aîné d'une fratrie de quatre enfants, puisque Sabrina a aussi deux sœurs cadettes. Je reçois ensemble Stella, Jacques (son mari) et Marc.

Les parents de Marc sont un peu inquiets : leur fils

est « excessivement timide, impressionné par les adultes étrangers, clignant des yeux et se tordant les doigts ». Il s'exprime très peu, n'ose pas lever le doigt en classe, évite les activités de groupe. C'est un rêveur, et les parents résument : « Il a un manque total de combativité. » Ce récit correspond bien à la réalité. Marc, assis entre son père et sa mère, baisse les yeux, se tord les doigts et se terre dans un silence profond, interrompu un moment par des pleurs aussi discrets que pathétiques.

Je suis frappé par ce tableau. Le contraste avec le souvenir que j'ai de Sabrina est saisissant. De même que celui entre Marc et son père, un homme de corpulence robuste, qui se décrit doté d'un caractère fort. Sa voix est assurée, ses opinions sont claires. Il a bien réussi dans sa carrière et sait doser sa fermeté avec une touche de sensibilité et de chaleur humaine. Très soucieux du bien-être de sa famille, il est préoccupé par l'état de Marc et très admiratif de Stella : « Ma femme est une mère admirable. » Voici un couple qui s'entend bien, me dis-je, mais lorsqu'ils s'affrontent, cela doit faire des étincelles car tous deux ont du tempérament.

À voir cet équilibre parental, je me demande ce qui a bien pu arriver à Marc. Il a pourtant un modèle d'identification très positif avec Jacques. Comment une telle famille a-t-elle pu donner un garçon aussi peu affirmé ? Marc apparaît comme l'envers de ses parents. Est-il si effacé parce qu'il n'arrive pas à se faire une place à côté de ces géants ? De surcroît, ses trois sœurs sont décrites comme bien plus extraverties que lui : « Elles et lui, c'est le jour et la nuit », disent les parents. Serait-ce vraiment une logique de contraste qui a organisé son identité ? Accentuer en négatif ce que les autres membres de la famille ont en positif est-il le seul moyen qu'il ait trouvé pour exister face à ces caractères affirmés ? Ou bien s'agit-il d'un exclu de la culture familiale, n'ayant pas droit à porter les couleurs du clan ? Marc serait-il interdit d'agression et d'auto-affirmation ?

Comment reprendre la parole ?

Marc ouvre à peine la bouche. Il ne réussit à exprimer son malaise que par des tics, et sa tristesse par des pleurs silencieux. Non seulement interdit d'agression, il semble l'être aussi de parole.

Lors d'une autre séance avec Stella et Marc, j'ai pu constater que le garçon parvenait à prendre la parole, mais seulement dans certaines conditions. Il fallait que sa mère l'y autorise en disant tout haut ce que lui pensait tout bas. Alors seulement, suivant l'exemple de sa mère, lui aussi pouvait parler. Cela donne un duo particulier : Stella s'exprime avec aisance, souvent les larmes aux yeux, alors que Marc, lui, tourne la tête pour ne pas avoir à entrer en contact et reste silencieux.

Mais ce décalage, dans la présence comme dans la parole, va basculer à une ou deux reprises. Marc va s'animer et, soudain, se mettre à parler. La première fois qu'il s'exprime *spontanément*, c'est au bout de quarante-cinq minutes de discours de sa mère, lorsqu'elle évoque le thème de la violence.

Première évocation : la violence paternelle. Stella décrit Jacques comme étant très strict avec Marc, soucieux de le former à la dureté de la vie. Il se croit obligé d'être sévère avec son fils, comme son propre père l'avait été avec lui dans *son* enfance : rigide, colérique et donnant même des coups.

Stella ressent cette attitude comme une injustice et prend le parti de Marc pour le protéger. L'été dernier, la confrontation entre les époux au sujet de l'éducation de leur fils prit un tournant aigu et grave. Stella avertit Jacques qu'elle le quitterait avec les enfants s'il ne cessait pas ses crises de colère et ses méthodes disciplinaires. Elle se renseigna sur ses possibilités de réinsertion au Canada et, une fois rassurée, mit son mari au pied du mur, sur le mode catégorique qui est le sien : « Ou tu changes, ou je pars ! » Et, pour mieux marquer sa détermination, elle déménagea de la chambre conjugale. Au milieu de la nuit, Jacques vint la supplier de revenir, promettant de changer.

Cette manœuvre, qu'elle était prête à exécuter, amena le changement désiré. Jacques mit fin à ses accès de colère et retint ses coups. Stella est fière de cette victoire. Ce qui lui importe le plus est d'avoir dénoncé une injustice et obtenu d'un homme qu'il admette sa faute et, surtout, qu'il se soumette en reconnaissant avoir besoin de sa femme. Elle venge ainsi l'injustice que lui avait fait subir son père, qui, alors qu'elle l'adorait, avait quitté le domicile conjugal avec une maîtresse. Elle ne le lui avait jamais pardonné, refusant jusqu'à l'âge de seize ans de le revoir. Elle se souvient que, petite fille, elle s'amusait à écraser des fourmis sous son pied, en murmurant le nom de son père à chaque fois qu'elle en exécutait une.

Au moment précis où Stella évoque cet épisode d'homicide par procuration, Marc sort soudain de son mutisme figé et éclate de rire. La coïncidence entre l'évocation de ce « meurtre » symbolique du père et le rire de l'enfant me semble significative : si Marc était aussi figé et silencieux, c'était peut-être par crainte de révéler son désir de s'insurger contre la violence paternelle, en y opposant la sienne. Et s'il se met à rire à ce moment précis, c'est qu'il ressent, par procuration, tout le plaisir qu'il aurait à dominer et à écraser son père. Quel soulagement ! semblait indiquer ce rire qui déferlait comme une vague après la rupture d'une digue.

Cette coïncidence est riche d'enseignements : ce que Marc attendait était un signal indiquant que lui aussi avait ce droit à la violence, au même titre que les autres membres de la famille, surtout son père et sa mère. Ses confrontations avec son père, où lui ne pouvait faire preuve que de mutisme et de passivité, avaient presque provoqué l'éclatement de la cellule familiale ; il en avait conclu qu'il devait sacrifier son droit à la violence et à l'agression pour éviter la répétition de l'ultimatum de sa mère, toujours prête à dénoncer le pouvoir excessif des hommes. Son mutisme, sa paralysie étaient à la fois sa contribution au maintien de l'unité familiale et sa façon d'endiguer sa rage contre le père dominateur.

Seconde évocation : un coup de marteau qui rend la parole. Marc se manifesta spontanément à un autre moment, révélant à nouveau son plaisir lorsqu'un autre l'autorise à recourir à la violence. La sœur cadette de sa mère, Margrit, était une adolescente colérique, constamment en lutte avec Stella. Elle avait souvent du mal à se contrôler. Pour illustrer le caractère volcanique de sa sœur, Stella donna l'exemple suivant : une dispute avait éclaté entre les deux sœurs ; Margrit étant plus forte qu'elle, Stella, lors de leurs confrontations, avait comme ultime recours la fuite (la course était le seul domaine où elle dominait sa sœur). Alors qu'elle venait une fois encore d'échapper à Margrit, qui la poursuivait avec un marteau, Stella parvint de justesse à s'enfermer dans sa chambre. Quand Margrit buta sur la porte close, elle y assena un coup de marteau rageur, perforant ainsi le panneau supérieur. À cet instant précis du récit, Marc sort à nouveau brusquement de son mutisme : « On voit encore la marque ! » Ce à quoi Stella enchaîne : « Comparés à elle, vous [ses enfants] êtes très sages ! »

Là encore, cet échange impromptu est révélateur. Marc était resté « absent » pendant les quarante-cinq minutes de cet entretien. Il « choisit » de réagir à l'instant précis où le coup de marteau frappe la porte, comme après les trois coups annonçant la levée du rideau. Il connaissait toute l'histoire, les combats de sa mère, la sœur déchaînée, la fuite, la porte qui se ferme et le marteau qui la fracasse, tout cela, il le savait et il n'attendait qu'un signe pour pouvoir, à son tour, se réjouir de ce déchaînement. Il y avait eu menace de mort, une sœur voulant tuer l'autre. Cela n'avait tenu qu'à un fil, et la marque était là, à jamais gravée sur cette porte, comme pour rappeler à tous que la colère entre sœurs peut aller très loin. Ces coups symbolisent (comme les fourmis écrasées) la violence qui habite cette famille. On a voulu tuer et personne ne s'était interposé, car dans cette période de la « préhistoire » de Marc, il était permis d'abandonner toute retenue. Cet épisode lui rappelle que sa mère, qu'il cherche tellement à protéger par le contrôle de lui-même, a échangé des coups et a dû courir pour échapper au marteau. Si Marc est sorti de sa réserve à ce moment-là, c'est peut-être qu'il est soulagé de voir sa mère *sourire* en évoquant la violence et la haine partagée ; peut-être se dit-il alors que, lui aussi, il a droit à ce monde d'excès, mythique, où la folie avait cours sans contrainte. Après tout, ce n'était pas si grave puisqu'on pouvait survivre en courant assez vite, et même en sourire.

Le récit de Stella continue et devient de plus en plus haut en couleur. Désormais, Marc n'est plus « absent » du tout. Sa mine renfrognée et son air désespéré ont fait place à un visage rayonnant. Il suit chaque détail avec intérêt et semble avoir accepté comme interlocuteur le thérapeute qui s'intéresse à cette série de chocs violents sans inquiétude, ni condamnation. Il se met à participer au monologue de sa mère, soulignant certains thèmes, comme un écho qui reprendrait *sotto voce* le récital de la soprano. Il faut dire que sa mère l'a encouragé lorsqu'elle a lâché : « Comparés à elle, vous êtes très sages ! » Il est sage ! Par ces quelques mots, Marc a été absous de toute violence et reconnu pour ses efforts de sagesse. Il peut donc se laisser aller maintenant, par procuration, en se délectant des violences passées de sa mère et de sa tante. Cela fait tant de bien d'entendre ce récit de chocs et d'étincelles, dont il peut se prétendre étranger, mais auquel, en même temps, il s'identifie avec délice.

Telle est la vertu de l'ouverture de cette boîte de Pandore recelant les secrets familiaux, rendue possible par la participation de l'enfant au récit publique (la consultation) des tourments cachés de l'enfance de ses parents. L'enfant n'est plus isolé dans sa violence intime ; celle-ci s'aligne sur la leur, plus ancienne. Cela lui permet, pour la première fois peut-être, de se retrouver dans leur vécu. Eux aussi ont donné des coups, eux aussi ont voulu cogner sur leur sœur ; les voici enfin solidaires, découvrant ensemble, et devant témoin, une communauté d'intentions, si effrayantes fussent-elles. Enfin l'enfant peut s'inscrire dans la tradition familiale et dans une relation d'identité à ses parents. Il s'était senti isolé, exilé, à cause de sa terreur cachée de sa violence ; désormais, il peut se convaincre d'être fait du même bois, s'autoriser à être lui-même, sans pour autant se sentir à part.

On dit souvent « tel père, tel fils », sans se douter que, pour un garçon, c'est une bénédiction de pouvoir s'inscrire dans cette filiation et de se reconnaître dans le miroir de l'histoire de son père. Mais le garçon ne devient pas homme par la seule identification à son père. Aussi pourrait-on ajouter : « telle mère, tel fils. » Car celui-ci doit aussi pouvoir assumer comme siens les matériaux hérités du caractère de sa mère.

Le retour dans la filiation

Stella avait remarqué que Marc s'était animé et montrait beaucoup de plaisir à suivre l'évocation d'un passé de violence. Elle se tournait souvent vers lui et, ravie de sa participation, continuait son récit, le pimentant de nombreux détails, comme si elle percevait le soulagement, et même de déblocage, que suscitait cette évocation, chez Marc comme chez elle.

Sa sœur ne savait plus ce qu'elle faisait quand elle était en colère. Elle avait cassé une chaise sur Stella, battu sa mère et même lacéré une armoire à coups de couteau ! À ce moment-là, nouvelle intervention de Marc, qui enchaîne : « Moi, j'arrive à planter un couteau dans un arbre. » Il continue, évoquant la puissance physique de sa tante Margrit : « Elle tapait si fort au tennis que ses balles faisaient tourner la raquette dans la main de maman ! » Visiblement, Marc est fasciné par le déchaînement d'une telle force. Peut-être se dit-il que sa tante avait réussi à intimider sa mère, lui aussi pourrait oser confronter sa puissance. « Quand j'étais petit, je courais plus vite que maman. » Cette fois-ci, il est franchement ravi : il a osé évoquer sa mère lui courant après, comme Margrit menaçant Stella. Et lui aussi a réussi à s'échapper ! Peut-être est-ce pour lui une façon d'exorciser sa timidité face à ses parents. Peut-être voit-il en moi un allié protecteur qui l'autorise à exprimer son sentiment de faiblesse vis-à-vis de parents si puissants.

Marc présente donc les symptômes d'une inhibition. Il ne parle pas à l'école et reste dans son coin. Pendant que nous parlons, il ne cesse de se mordre les lèvres : il doit avoir très peur de perdre son contrôle en relâchant sa crispation d'autocensure. Lors de la dispute de ses parents à son sujet, il a sans doute conclu que son opposition à son père provoquait une telle fureur chez ce dernier que son attitude risquait de provoquer une séparation. De surcroît, il avait dû apprendre à se tenir tranquille pendant la grossesse de Stella, quand il avait quatre ans : sa mère était restée alitée pendant sept mois. À ce moment-là, déjà, il avait exercé une censure étroite sur son agressivité. Son hypercontrôle était l'envers de sa crainte de se laisser aller à la violence contre ses parents. Lorsqu'il a compris que ses parents avaient eux aussi connu la violence, l'assumant et pouvant même s'en amuser, Marc s'est libéré. Sa participation au récit de sa mère l'a autorisé à renouer avec l'identification à ses parents. Si eux, *son père et sa mère*, pouvaient parler de violence, alors il pouvait *à son tour* la reconnaître en lui-même et quitter l'exil de son mutisme et de sa timidité.

C'est difficile d'être un garçon

Dans la famille de Marc, il n'y avait apparemment pas de problème avec les filles. Du moins n'étaient-elles pas en conflit avec la culture familiale. Sûres d'elles, elles affirmaient leur personnalité sans retenue. Tous les membres de la famille suivaient donc ce modèle, sauf Marc. Pourquoi lui ?

Les parents vont apporter un élément de réponse lors d'une séance à laquelle ils viennent sans leur fils. Il y a de l'électricité dans l'air. Jacques envisage de partir à l'étranger, seul, pour effectuer un stage de six mois. Stella est furieuse : « Un père qui part, ce n'est pas vraiment un père. Les hommes, quand ils partent du foyer, c'est par orgueil personnel. » Elle est toutes griffes dehors.

Je rappelle à Stella combien le thème du départ du père constitue un point de vulnérabilité dans son histoire. Cela peut expliquer en partie la violence de sa réaction. Elle revient alors sur l'histoire de son « parricide » par fourmis interposées. Marc, me dit-elle en riant, avait vraiment adoré cette histoire. Il en avait reparlé en famille. Visiblement, cet aveu avait débloqué quelque chose. Marc avait eu besoin de ce coup de pouce pour oser exprimer sa révolte, si enfouie, contre son père. C'est ensuite au tour de Jacques d'enchaîner sur ce thème. Il se met à évoquer son père qui, lui aussi, prend des dimensions presque mythiques. Il fait le portrait d'un personnage à la Jean Gabin, impressionnant de force et d'autorité. Son travail l'obligeait souvent à partir plusieurs mois à l'étranger. Quand il revenait, tout changeait : sa voix puissante faisait tout trembler, il imposait son autorité, n'hésitant pas à frapper. « Un homme vieux jeu, résume Jacques. Maintenant, il est très malade, il va bientôt partir. »

L'excès d'autorité, parfois avec violence, en alternance avec l'absencc : on retrouve les mêmes caractéristiques chez les deux grands-pères de Marc et dans la description que fait Stella de son mari – un mari qu'elle aurait peut-être quitté s'il avait persisté dans sa violence avec Marc. C'est dire combien son seuil de tolérance pour ce genre de comportement paternel est bas.

L'absence et le peu de sens des responsabilités familiales apparaissent donc chez les deux grands-pères de Marc, ainsi que chez celui de Stella, disparu en laissant sa femme enceinte. Et aujourd'hui, c'est au tour de Jacques de menacer de s'éloigner.

L'histoire familiale de Stella est profondément marquée par cette carence d'une image paternelle sécurisante et positive, à laquelle se superpose l'image inquiétante du grand-père paternel de Marc, autoritaire jusqu'à la violence, peu disponible et aujourd'hui sur le point de disparaître pour de bon. Et maintenant, Jacques lui-même, pourtant si différent et tellement plus humain, inquiète Stella. Sa sévérité, puis son projet de départ fait coïncider l'image de son mari avec celles, si négatives, des hommes de son passé. Pour Marc, seul garçon de sa génération, il est difficile de développer une identité virile alors que ses deux parents ont fait l'expérience d'hommes caractérisés par leur violence et leur froideur affective. On peut se demander comment il parviendra à devenir homme sans leur ressembler.

Combat de dinosaures

Marc se servira du dessin, moyen d'expression plus facile que les mots pour les enfants : un Tyrannosaure puissamment denté est opposé à un Dinosaure qui n'a pas l'air commode non plus. Les yeux sont rouges et tout ce qui dépasse de leurs corps est hérissé de piquants. Tiens, me dis-je, c'est l'envers du décor : on voit apparaître les puissances titanesques qui hantent les rêves de ce garçon si timide et pacifique. Marc se contente d'expliquer que ces deux monstres font match nul (de cette façon, au moins, il n'y a pas de mort).

Dans un premier temps, je me dis qu'il est en train de décrire le spectacle habituel de ses fantasmes. C'est sous forme de combat entre animaux monstrueux qu'il doit imaginer les confrontations de ses parents, les voyant porteurs d'une grande violence, alors que lui n'est qu'un spectateur médusé. Toute la violence est de leur côté ; lui compte les coups. Pourtant, si Marc est si retenu et effacé, c'est qu'il sent qu'il lui faut être l'inverse de ces monstres. Il doit éviter à tout prix de montrer à ses parents le moindre signe d'agressivité, pour leur épargner de revivre, à travers lui, les peurs qu'ils ont connues face à leurs pères respectifs. Marc s'est donc construit comme l'antithèse de ses grands-pères : ils étaient durs, ils provoquaient l'angoisse par leur violence et leur désertion ; lui serait doux et ferait tout pour ne pas inquiéter ses parents. Je tiens là une réponse à ma question : si, dans cette famille, c'est le fils qui « pose problème », c'est qu'il doit faire oublier, par son comportement, des images d'hommes inquiétants pour ses deux parents. Il se doit de devenir l'envers de ces images d'hommes « vieux jeu ». Pour ce faire, et en dépassant sa cible, il a abandonné toute affirmation de lui.

Bien sûr, d'autres éléments ont contribué à son inhibition et à sa tristesse. Marc a été frappé par l'indisponibilité de sa mère lorsqu'elle attendait Sabrina. Puis, plus tard, malade, elle a été hospitalisée pendant plusieurs semaines. Ces épisodes ont dû lui confirmer que, derrière une vivacité et une volonté de fer, sa mère était vulnérable ; cela l'encourageait à se montrer encore plus vigilant. D'autres facteurs concernant sa relation à ses parents et à ses sœurs ont également joué un rôle. Mais ce n'est qu'en observant sa prise de parole lors du récit maternel, et en plaçant la masculinité de Marc en regard de celle, inquiétante, de ses deux grands-pères, qu'on peut comprendre la réponse à notre interrogation : pourquoi lui ?

Famille et culture

Voilà une famille qui qualifie les modèles féminins de façon positive : des pionnières, armées de courage et de force, luttant pour leur indépendance. Stella incarne ce modèle. Elle a épousé un homme qui non seulement lui convient, mais qui, par ses qualités, lui permet de vivre une relation plus positive avec les hommes que celles qu'elle avait connues jusqu'alors. Stella n'a pas de peine à inculquer chez ses filles les valeurs qui lui sont propres : elles s'affirment toutes les trois sur le modèle de leur mère, une identification facilitée par le fait que toutes les qualités valorisées dans cette famille se trouvent réunies dans le modèle féminin.

En revanche, devenir homme est plus problématique. Marc doit s'identifier au *contraire* de la représentation des hommes dans les lignées maternelle et paternelle. Il doit donc devenir *l'opposé* des grands hommes de sa famille. Cette identification au négatif enlève toute force à l'affirmation de son identité.

Chaque famille a sa propre définition de ce que doit être un homme ou une femme, selon des modèles de référence produits par son histoire. Conformément à ces modèles, le rôle féminin ou masculin sera plus attirant et plus facile à assumer. Dans la famille de Marc, l'histoire a fait qu'il est plus aisé de se couler dans un rôle de femme. Dans une autre famille, ce sera l'inverse.

Cet exemple nous montre aussi que chaque famille interprète à sa façon les valeurs que la culture associe au sexe. Ici, le modèle des femmes est auréolé de qualités quasi mythiques : le courage exemplaire (voire suicidaire) montré par plusieurs générations de femmes du côté de Stella. La valorisation de ce courage fut en grande partie déterminée par une culture – le Grand Nord au tournant du siècle –, où ce comportement téméraire et indépendant était une condition de survie. De ce fait, l'image de la femme affirmée s'est trouvée intensément idéalisée et continue d'être transmise comme un bien précieux de mère en fille. Stella s'est inscrite dans cette filiation, et ses filles, encouragées par leur mère, semblent disposées à faire leurs ces qualités. Elles ont donc la tâche plus facile que Marc, qui, lui, a hérité d'un modèle d'homme « vieux jeu », donc dépassé.

Pour que l'enfant construise une identité solide, il doit pouvoir s'appuyer sur un modèle porté par la famille et qualifié de manière positive. De plus, ce modèle doit correspondre à un idéal reconnu par la société d'aujourd'hui. Les valeurs transmises par les parents doivent être compatibles avec celles du groupe dont ils sont issus, afin de constituer pour l'enfant des modèles attirants, garants de son identité.

4

L'histoire de Graziella et Sofia
ou
Comment enseigner le goût du sacrifice

La nuit, en Suisse

Nous sommes tous des exilés. Peu de jeunes adultes habitent encore le lieu de leur enfance. De plus en plus, les hommes partent s'installer dans d'autres contrées, voire d'autres pays, que ceux où ils sont nés. Pourtant, même si l'on a décidé d'aller vivre ailleurs, la nostalgie persiste d'une maison, d'un coin de jardin, d'odeurs familières, de couleurs pâlies qui constituent un paradis perdu.

Nous sommes des exilés de notre enfance, parée de souvenirs et de sensations jamais retrouvés, d'images auréolées de parents aujourd'hui vieillis, de moments magiques enfouis dans la mémoire. Autant d'expériences qui ne sont pas renouvelables et qui, pourtant, orientent toutes nos quêtes.

Lorsqu'un bébé paraît, ces souvenirs remontent à la surface et reprennent leurs couleurs grâce à l'illusion de retrouvailles avec notre passé d'enfant. Le bébé, ce magicien, fait revivre notre enfance ; il est un puissant activateur de nostalgie. Bien des consultations ne font que révéler, derrière le visage de l'enfant présent, les ombres de l'enfance des parents.

L'histoire qui suit est celle d'une jeune femme, Graziella, qui se perd dans une nostalgie sans fond pour sa Sicile natale. Tout a commencé avec la naissance de sa fille, en Suisse, qui ravive le désir de la jeune maman de retrouver sa propre mère, là-bas, en Sicile. Pour Graziella, la Suisse est un pays taciturne où elle vit isolée, l'hiver étant toujours derrière la porte, et les rues vides et silencieuses. Ce paysage est morne parce qu'elle rêve encore au chaud soleil sicilien, à son village, près de Palerme, où le bruit des voix retentit jusque tard dans la soirée. La Suisse représente la nuit de l'exil.

Ingmar et Graziella

C'est bien de nuit que ces jeunes parents me parlent. Leur fille Sofia, âgée de neuf mois, ne fait pas ses nuits. Elle se réveille cinq ou six fois. Épuisés, les parents ne comprennent rien à cette activité nocturne.

Dans un premier temps, rien n'attire mon attention dans leur récit et je partage leur embarras. Pourtant, un petit détail ressort du rapport que fait Graziella de la chronologie des événements récents : c'est le jour où le père est parti en voyage, laissant mère et fille seules en Suisse, que le symptôme est apparu.

Le voyage, c'est l'éloignement, l'aventure à l'étranger et les dangers imaginaires qui l'accompagnent. Il entraîne aussi une séparation et un sentiment de manque. Mais chez qui ? Chez l'enfant ? Chez la mère ? Ou bien chez les deux à la fois, réunies dans l'expérience de la nostalgie pour le père absent ?

Ce voyage a conduit le père, Ingmar, vers un pays du Nord, sa Suède natale. Les parents sont donc tous les deux des exilés, chacun étant originaire d'une contrée aux antipodes de celle de l'autre. Cette union des contraires prend corps dans leurs physiques : Ingmar est grand et blond, Graziella est brune et menue ; il est plutôt calme, elle pétille de vivacité. Réunir des opposés est souvent un enrichissement, et Ingmar semble apprécier la complémentarité : « Si on pouvait avoir les Brésiliens en Californie, ce serait le paradis. » Pourtant, en optant pour le mélange des contraires, n'ont-ils pas accentué leur déracinement culturel ? N'ont-ils pas choisi l'opposé de leurs attachements originaires et ainsi troqué la sécurité du familier pour l'attrait incertain de l'étranger ?

Ce voyage d'Ingmar dans son pays natal ne réveille-t-il pas la nostalgie éprouvée par Graziella pour la Sicile de son enfance ? Elle aussi a une patrie lointaine, dont les souvenirs prennent plus de place lorsque son mari s'absente.

Autrefois, en Sicile

Graziella s'étonne que Sofia soit si dépendante d'elle et fasse une crise dès qu'elle s'éloigne. Cet attachement est trop lourd à porter. Sofia reprendrait-elle à son compte la peur de l'éloignement ressentie par sa mère lors du voyage de son mari ?

Graziella me parle d'un autre voyage à venir : les vacances approchent, et la famille a prévu de les passer en Sicile, avec les parents, les frères et sœurs. Elle se réjouit pour sa fille : « Sofia veut voir plus d'enfants. Elle a envie de voir beaucoup de monde autour d'elle. Chez mes parents, il y a tous les cousins, des gens qui viendront la voir. Quand on revient en Suisse, elle s'ennuie. Elle est très sociable. Nous vivons assez seuls ici. *Avant, c'était mieux.* » Graziella semble prêter à sa fille des intentions : « elle veut voir plus d'enfants », et des sentiments : « elle s'ennuie », qui pourraient autant être les siens. Après tout, c'est *elle* qui se sent isolée en Suisse, subissant l'ennui de l'exil. Elle ne l'a pas exprimé en son nom propre, mais elle fait peut-être involontairement de Sofia son porte-parole, lui attribuant les sentiments qu'elle n'arrive pas à reconnaître en elle. En associant l'insomnie de Sofia au départ de son père, elle attribuerait alors à sa fille, par procuration, sa propre peur de la séparation. Pourtant, elle semble aussi parvenir à s'impliquer personnellement, puisqu'elle avoue : « Nous vivons assez seuls ici » ; puis elle ajoute : « Avant, c'était mieux. »

Ce genre de déclaration est une aubaine pour le thérapeute. Elle recèle, réunis et concentrés dans une formule à l'apparence d'aphorisme, un monde de significations potentielles ne demandant qu'à être mises au jour. Le premier indice est la référence au temps, le temps d'*autrefois*, avant d'arriver à cet *ici et maintenant* qui semble décevant. C'est de la nostalgie qui pointe dans l'évocation d'un temps *avant*, dont on se demande avant *quoi* il se situe. La phrase précédente : « Nous vivons assez seuls ici », permet de localiser l'*avant*-ailleurs qu'ici (en Suisse). En précisant que « c'était mieux avant », Graziella ouvre la porte à l'évocation d'un temps meilleur, source de regret, objet de nostalgie. Ce domaine-là, chargé de souvenirs idéalisés et d'images abandonnées à contrecœur est le territoire d'élection du psychothérapeute, parce qu'il est l'habitat naturel de l'enfance où se construisent les relations premières et se puisent fantasmes et souvenirs. C'est dans ce monde enfoui que se cachent les objets du désir et que chacun situe le manque qui l'accable. Le thérapeute cherche à découvrir les secrets de ce territoire, pour permettre à celui qui les détient d'évoquer ses sentiments de carence et, finalement, de donner des noms aux objets de sa nostalgie. Il ne peut atteindre une compréhension des symptômes, des angoisses et des dépressions actuelles qu'en déclenchant une interrogation portant sur des désirs anciens pour des personnes disparues. Il ne peut déchiffrer la réalité présente des conflits entre une mère et son enfant qu'à la lueur de leur équivalent dans une réalité disparue et anachronique.

Cette ouverture sur le passé est une promesse de reviviscence des souvenirs d'enfance de Graziella. Je la questionne sur ce monde enfoui et précieux : « Avant, c'était mieux ? » Peu à peu, Graziella se met à égrener toutes les qualités de ce passé ensoleillé : « Les grandes familles, c'était mieux ; il y avait toujours beaucoup de monde ; on était dans la rue jusque tard dans la nuit ; il y avait des gens qui passaient à la maison pour un repas ; ce n'était pas solitaire ; il faisait chaud ; on entendait des voix ; il y avait des odeurs et le bruit des grillons. J'entends encore les échos quand on nous appelait la nuit ; je n'avais pas envie de me coucher, parce qu'il y avait trop de plaisir, trop d'animation... Il y avait de la magie dans l'air. Sofia ne connaîtra jamais ça. Ici, les enfants commencent l'école trop tôt, à quatre ans ; quand ils rentrent de l'école, ils ont des cernes jusque-là ! Ils n'ont pas le temps de jouer, ils ne connaissent pas le royaume de l'enfance ! »

Après cette description de « la magie de l'enfance » baignée de sons et de parfums enchanteurs, Graziella peint une Suisse tout en contraste : ici, elle se sent seule, sans famille et sans contact. Elle ne supporte pas ces rues vides, ces espaces silencieux. Elle aimerait déménager, partir là où on entend des voitures qui klaxonnent et des gens qui s'agitent. C'est surtout l'automne qu'elle redoute ; il est gris et annonce l'hiver, le froid, la pâleur du soleil, les rues qui se vident. À cette période de l'année, elle se sent un peu déprimée et plus isolée que jamais. Elle ne veut pas de cela pour Sofia, qui a droit à une enfance de rêve, aux couleurs de la Sicile. Et puis, un enfant, ça a besoin de voir des gens, beaucoup de gens et pas seulement sa mère. D'ailleurs, Graziella a décidé de lui faire un petit frère ou une petite sœur ; il lui faut des compagnons.

Privée du monde magique de son enfance, peuplé de nombreuses rencontres et de mille sensations chaleureuses, Graziella est persuadée que cette animation manque à Sofia. Elle-même se sent trop appauvrie pour pallier ce vide. Comment pourrait-elle, seule, animer le monde de Sofia et lui offrir un spectacle semblable à celui de son enfance sicilienne dans cette Suisse pâle et froide, rendue plus grise encore par l'effet de sa tristesse et plus vide par son sentiment de manque et de solitude ? Exilée du paradis perdu, comment pourrait-elle peupler le monde dans lequel sa fille est entrée ?

L'image sans vie que peint Graziella de son pays d'adoption évoque les scènes angoissantes de De Chirico, où seuls des mannequins habitent de grands espaces infinis. Ce sentiment de vide révèle l'éloignement du pays de l'enfance peuplé d'êtres qu'elle voudrait retrouver. Mais il indique aussi que Graziella n'a pas réussi à insuffler suffisamment de vie à ses compagnons imaginaires, dans les images de ses familiers lointains. Ce sentiment inquiétant de dévitalisation doit avoir une origine, et c'est ce que je vais m'attacher à découvrir à présent.

Peur de la nuit, peur de la mort

À entendre cette évocation poétique du pays magnifique de son enfance, il semble que ses rêveries nostalgiques ont peu à peu paré ses images d'enfance d'attributs magiques, composant une fresque idéalisée, quasi surnaturelle, de ce qu'elle présente comme des souvenirs. En contraste, la description de la Suisse est prosaïque, sans relief et marquée du sceau de la désillusion. Tout ce qui était ensoleillé est devenu froid, tout ce qui était multitude est muté en solitude. Au vacarme des voix ont fait place le silence et le vide. C'est de ce contraste qu'elle souffre, rendant plus aiguë sa nostalgie pour les contrées dont elle se sent l'exilée. Mais elle va plus loin encore. Après m'avoir expliqué qu'elle ne veut pas vivre à la campagne, trop « vide », elle ajoute : « On est seul, mais si on s'isole encore plus, *c'est la mort* ! »

Cette irruption soudaine de l'image de la mort fait froid dans le dos : elle indique que le processus de *refroidissement* et de dépeuplement lié à l'exil mène plus loin qu'à un simple constat de séparation. Graziella ressent la disparition des êtres qui animaient son enfance comme une perte irréversible, et cela s'accompagne d'une angoisse de mort. Si elle a tant besoin d'animation et de stimulations sensorielles (bruits, odeurs, chaleur), elle doit craindre que leur absence entraîne sa mort, sinon physique, du moins psychique.

Ces angoisses de mort étant très fréquentes chez le jeune enfant, en particulier au moment du coucher et au cours de la nuit (d'où toutes ces perceptions sont absentes), je demande à Graziella si elle a quelquefois connu la peur de mourir pendant la nuit. Elle acquiesce immédiatement, expliquant qu'à l'adolescence elle avait ce qu'elle appelle des « crises d'existence » : « Je me disais, maintenant, on est là, on fait beaucoup de choses ; demain, je vais mourir et il n'y aura personne qui se souviendra de moi. On est... Comment je peux dire ? On est une feuille qui tombe et qui s'en va ! »

Je me rappelle alors qu'elle m'avait dit ne pas aimer l'automne. L'image des feuilles qui tombent lui révèle peut-être combien elle se sent fragile, comme « mal accrochée ». Pourquoi se sent-elle si dangereusement caduque, si facile à détacher de la branche qui devrait la sustenter ?

Elle ajoute : « Je fermais les yeux, puis je les rouvrais... J'avais très sommeil, mais je rouvrais les yeux, parce que je me disais *il faut profiter*, parce que demain tu es peut-être morte. Alors je luttais pour ne pas me rendormir. »

Je tente alors une explication : si elle va surveiller le sommeil de Sofia – craignant la mort subite du nourrisson –, c'est sans doute qu'elle s'est persuadée que la fillette, à défaut de la compagnie nocturne et de la stimulation que lui apporte sa mère dans ces moments-là, va percevoir son immobilité nocturne comme un équivalent de la mort ; qu'elle aussi elle a peur de se laisser tomber – de se laisser aller au sommeil –, comme la feuille en automne.

Graziella a donc transposé sur Sofia son inquiétude de mourir si elle abandonne les sollicitations des sensations diurnes et la chaleur des échanges. Le sommeil signifie pour elle l'éclipse du soleil, le silence et le vide angoissants. Comme tel, le sommeil est devenu le lieu de l'exil et de la mort. C'est contre ce vide nocturne que se débattent, ensemble mais à leur insu, la mère et la fille. Il s'agit de repousser le plus tard possible l'ensevelissement de la nuit et de profiter des plaisirs et du vacarme des rues animées du Sud, où la chaleur et le chant des grillons durent jusqu'au petit matin.

Graziella *a donc peur du sommeil de Sofia*. Sans le savoir, elle se fait la complice de ses insomnies pour échapper aux terreurs de la nuit et revivre les longues soirées d'antan, où l'on retardait la chute dans le royaume de l'ombre. Ainsi, Graziella est partie prenante dans le maintien du symptôme de sa fille; ensemble, elles fuient la nuit pour garder le soleil en vie.

Les troubles du sommeil

Même lorsque les parents se plaignent des réveils nocturnes de leur enfant, nous retrouvons toujours cette complicité dans le maintien du trouble du sommeil. À chaque fois surgit la crainte d'un sommeil annonciateur de mort, en partie à cause de l'identité entre l'immobilité du sommeil, la fermeture des yeux, l'extinction des sensations et le vide de la mort. De surcroît, la campagne de prévention dont a fait l'objet la mort subite du nourrisson a contribué à légitimer l'angoisse de la nuit (ces décès inexpliqués surviennent toujours pendant le sommeil; rares – ils n'affectent que 3 ‰ des enfants de moins de un an –, ils angoissent cependant bien des parents). Les Grecs anciens avaient déjà rendu compte de cette analogie entre sommeil et mort : Hypnos, le sommeil, était le frère jumeau de Thanatos, la mort, comme le rapporte Homère dans *L'Iliade*; ils vivaient ensemble dans le monde souterrain d'où les rêves montaient chez les hommes.

Bien que le sommeil soit essentiel et réparateur, il implique certaines angoisses intrinsèques puisqu'il impose la séparation entre le bébé et ses proches, l'interruption des sensations et de l'exercice des mouvements auxquels le bébé prend tant de plaisir. En entrant dans le sommeil, le bébé doit pouvoir abandonner sa mère sans craindre qu'elle disparaisse à jamais. Il doit pouvoir s'abandonner dans le sommeil sans avoir peur d'être englouti et de perdre le sentiment d'existence. Le coucher est donc un moment critique, puisque l'enfant *et sa mère* doivent se convaincre que l'obscurité et la solitude du sommeil n'entraîneront pas la disparition de leur lien réciproque et qu'ils se retrouveront intacts le lendemain.

En outre, tout le monde le sait, et surtout les petits enfants, le vide laissé par la coupure de la relation, et la suspension des perceptions au moment de l'entrée dans le sommeil sera comblé par les images du rêve. Or, bien souvent, ces images sont monstrueuses, ranimant les pulsions, les frustrations et les personnages demeurés enfouis pendant le temps de veille. En fait, ces images de terreur – cause des cauchemars et de bien des réveils – traduisent des angoisses liées à la séparation et à la haine à l'égard des parents qui ont « abandonné » l'enfant pour se retrouver dans leur intimité nocturne. Dépossédé de ses parents et du contrôle visuel qu'il peut exercer sur eux, l'enfant sécrète la nuit de puissantes haines contre ceux qui l'ont laissé tout seul. Cette haine prend une forme doublement déguisée dans le rêve : ce n'est pas *l'enfant* qui apparaît monstrueux, mais un étranger. Ce ne sont pas ses *parents* qui sont ses victimes, mais c'est lui – le plus souvent – qui se sent menacé, attaqué, enlevé.

Ces angoisses, communes chez tous les enfants, peuvent être aménagées ou intensifiées selon l'attitude des parents. Ceux qui ne redoutent pas trop la séparation nocturne trouvent des moyens simples pour introduire en douceur leur enfant dans le monde inquiétant de la nuit. Ils instaurent de petits préludes au sommeil, en ménageant un moment d'intimité avec l'enfant avant le coucher, en lui lisant une histoire (dont la plus grande qualité est qu'elle se répète chaque soir à l'identique), en chantant des chansons. Ce moment de calme tranquillise l'enfant et facilite l'abandon des perceptions et de l'agitation. Il entre alors en sommeil *à deux*, sur un mode qui favorise le repli sur soi, sans entraîner le sentiment d'une coupure radicale. Le « doudou », une poupée, un chiffon, dont l'odeur doit être préservée, jouent un rôle sécurisant, car il tient lieu de substitut maternel, entièrement sous le contrôle de l'enfant.

Bien souvent, au début, le bébé semble prêt à s'endormir et les parents s'en réjouissent. Mais, au cours de la nuit, à intervalles réguliers, il va émettre des petits bruits et produire une agitation passagère. Ces épisodes courts, dus à des manifestations parfaitement normales du système nerveux, interviennent lors de certaines phases du sommeil. Il s'agit en fait d'éveils partiels survenant au cours du sommeil profond, ou du sommeil paradoxal (pendant lequel on rêve). Normalement, l'enfant bouge, marmonne, puis se rendort [1]. Mais une mère inquiète va entendre ces bruits, se lever et prendre l'enfant dans ses bras, croyant qu'il est en train de se réveiller pour de bon ou est en proie à des angoisses. Alors ce qui ne serait resté qu'une phase passagère va se transformer en réveil réel ; mère et enfant vont avoir un échange auquel ils vont s'habituer ; il est alors probable que le même scénario va se répéter quelques heures plus tard. Si l'on ne met pas rapidement fin à cet échange, un cercle vicieux a tôt fait de s'installer, entraînant un rituel de réveils nocturnes qui se transforment en insomnie.

Ce cas de figure est essentiellement dû à l'angoisse de la mère. Guettant le moindre bruit, elle intervient sur un mode qui perturbe l'architecture du sommeil de l'enfant. En fait, c'est *son angoisse à elle*, et les attitudes de surveillance attenantes, qui réveillent l'enfant pour de bon, l'empêchant de développer sa propre gestion de son sommeil.

1. Pour plus de détails, voir l'ouvrage de R. FERBER, *Protégez le sommeil de votre enfant* (12).

La plupart des troubles du sommeil résultent de ce type d'échanges angoissés, où l'anxiété parentale et l'augmentation temporaire et cyclique de la vigilance de l'enfant concourent à installer l'insomnie. L'élucidation de ces échanges nocturnes et de leurs significations dans l'histoire de la mère (et parfois des deux parents) fera disparaître – souvent très rapidement – un trouble du sommeil persistant parfois depuis des mois.

En dehors de ces formes fréquentes, où l'échange mère-enfant maintient le trouble du sommeil, il faut citer d'autres causes telles que la tendance à l'apnée (suspension momentanée de la respiration), ou bien des angoisses profondes chez l'enfant liées à des problèmes plus sérieux et requérant l'intervention du spécialiste.

Dans le cas de Sofia, le problème tenait à des inquiétudes partagées entre la mère et l'enfant : la plus évidente venait de l'équation établie par Graziella entre sommeil, nuit et mort. Comme nous l'avons vu, elle avait elle-même souffert de difficultés d'endormissement, de peur de ne plus se réveiller, une inquiétude liée au sentiment d'être « lâchée » pendant son sommeil, comme la feuille d'automne lâchée par la branche. C'était donc la séparation qu'elle supportait mal, au point de l'assimiler à la chute et à la mort. Pour bien des enfants, c'est cette angoisse qui vient perturber le processus d'endormissement. Il faut alors chercher à prévenir l'inquiétude de la séparation en instaurant des rituels qui rassurent l'enfant lors de son entrée dans le sommeil. Simultanément, il faut traiter l'angoisse de séparation de la mère, d'abord en la lui révélant (le plus souvent, elle l'ignore), puis en en retrouvant les prémisses dans sa propre enfance.

Mais, entre Graziella et sa fille, il y avait un autre problème. On se souvient que, dès sa petite enfance, Graziella avait retardé l'heure du coucher. Elle préférait le jour – le soleil et l'animation –, et son évocation chaleureuse de la Sicile traduisait son attachement viscéral aux sensations (les odeurs, le chant des grillons, la chaleur) et au contact avec de nombreuses personnes (les visites inopinées au souper). Ce récit sicilien témoigne de sa crainte de « l'extinction des feux » au sens large : elle avait tant investi l'animation que procurent les rencontres et les sensations fortes qu'elle répugnait à les abandonner quand le voile de la nuit se confondait en elle avec la cessation de toute activité. Le plein de la journée faisait place au vide de l'obscurité, la vibration lumineuse se transformait en mort nocturne.

C'est pour pallier cette angoisse du manque que Graziella « animait » les nuits de sa fille par des échanges nombreux, légitimés par les pleurs et réveils de Sofia. Elle voulait qu'elle profite des merveilles du jour, dont elle-même avait dû faire le deuil. C'est pour lui éviter le sentiment de « tomber comme une feuille » qu'elle vient la serrer dans ses bras au milieu de la nuit, quand elle pleure. C'est encore pour la protéger de l'ennui du vide nocturne qu'elle lui offre sa présence jusqu'aux petites heures du matin.

Mais la motivation qui la fait agir ainsi est une méprise : elle part du principe, établi dans *son* enfance à elle, que la nuit est mortelle, et l'applique par analogie à sa fille, persuadée qu'elle ne peut vivre la nuit que sur le mode de la perte, de l'ennui et de la mort. Ainsi les mères protègent-elles souvent leurs enfants contre des inquiétudes qui ont leur place dans leur propre enfance. Le travail du thérapeute consiste donc à réintégrer cette angoisse et les images qui l'accompagnent dans l'histoire de la mère, ce qui va libérer la relation mère-enfant des ombres qui en sont issues. Il cherchera aussi à définir les origines de ces angoisses et à leur donner un visage en évoquant les personnages qui hantent le théâtre des souvenirs maternels.

L'expérience du vide

J'avais été frappé par la valeur que Graziella attachait à l'activité et aux sensations, ainsi qu'à son horreur du vide et du silence, qu'elle identifiait à la mort. Comme je cherchais à recréer les expériences précoces susceptibles d'en être à l'origine chez Graziella, j'en venais à envisager que ce sentiment de dépeuplement et de refroidissement qui l'avait saisie d'abord pendant la nuit, puis à son installation en Suisse, devait être l'effet d'une difficulté à maintenir chaude et vivante la relation à sa mère.

Les indices qui me guidaient étaient les suivants : tout d'abord, cette imminence d'un danger d'extinction et de mort, avec son corollaire, la nostalgie d'un paradis perdu, peuplé de rencontres et illuminé de soleil ; puis j'avais trouvé étonnante la déclaration de Graziella : « Ce n'est pas bon pour un enfant d'être seule avec sa mère », et l'insistance avec laquelle elle veut que Sofia rencontre d'autres enfants (ce qui, d'ailleurs, l'incitera à mettre bientôt une grossesse en route). Il me semblait que, dans l'esprit de Graziella, un enfant doit être *protégé* d'une relation trop étroite avec sa mère, principe qui, me disais-je, pouvait trouver son origine dans sa propre expérience avec sa mère. Je pressentais qu'elle avait dû connaître cette angoisse de vide et de silence dans la relation à une mère déprimée qu'elle n'avait pas réussi à *réchauffer* ou à *ranimer*. Cette carence l'avait poussée à chercher des compensations en dehors de l'enceinte maternelle, dans d'autres rencontres et dans l'exaltation des sensations. L'expérience que fait un enfant d'une mère déprimée laisse souvent sa marque dans ce sentiment de vide, comme si l'enfant n'avait pas trouvé de répondant chez une mère qu'il vivait comme absente, réfugiée dans sa tristesse intérieure.

Je demande à Graziella si sa mère était dépressive, ce qu'elle me confirme avec un soulagement manifeste. Sa mère était très nerveuse et se mettait soudainement à pleurer. « C'était très dur, commentait Graziella, d'avoir quatre enfants en cinq ans, sans aucune aide. » De plus, sa sœur et elle-même étaient de gros bébés à la naissance. Graziella a souvent entendu le récit de ces accouchements difficiles, qui avaient causé une hystérectomie quand Graziella avait six ans. « Elle a beaucoup souffert. Elle disait que ça avait été dur, très dur. Elle n'avait pas d'aide. Elle a plus souffert que moi. Ça devait être épouvantable !

– Qu'est-ce qui était épouvantable ?

– De se retrouver avec des enfants, avec cette responsabilité, très peu d'aide ; ce que je suis en train de vivre quoi ! »

Graziella a donc perçu que sa mère a été blessée dans sa chair (les naissances difficiles), puis dépassée par ses responsabilités de mère. Un intense sentiment de culpabilité s'est développé chez Graziella, qui s'identifie aujourd'hui à cette image d'une mère blessée, épuisée par ses enfants. Elle aussi se sent dépassée par ses tâches de mère et reproche à Sofia d'être pot de colle, d'exiger sans cesse sa présence. « Je suis toute seule avec elle, toute la journée et je me suis mise à sombrer un peu. Elle me laisse peu d'air. Elle est tellement attachée à moi que ça m'étouffe. Elle me prend au piège. Quelquefois je lui dis : mais va ailleurs ! Tu as tes jouets. C'est comme si elle s'ennuyait ; elle me cherche tout le temps pour jouer. C'est comme si tout ce qu'elle a ne lui suffisait pas. Je ne peux pas jouer avec elle toute la journée. Quelquefois je n'en peux plus. Il faut que je réagisse. On est vite dans le trou et ça pourrait aller assez profond ! Il faut qu'elle voie du monde, parce que cette vie comme ça, c'est infernal ! »

Quelle urgence exprimée dans ce sentiment d'étouffement ! Graziella se sent dépassée, exactement comme elle a perçu sa mère, harassée par ses tâches maternelles.

La mère esclave

Cette description d'emprisonnement et d'asservissement aux tâches imposées par un bébé revient chez beaucoup de mères. Les gestes de la maternité perdent alors leur côté glorifiant pour se muer en fonction routinière, alors que l'enfant est ressenti comme un despote qui impose les lois d'un esclavage de plus en plus pesant. Ce qui était d'abord perçu comme don de vie, puis don de soi à un être faible et dépendant, devient obligation et soumission à un tyran insatiable. Aux joies de la maternité ont succédé grisaille et dépression ; l'exaltation de la création d'un être neuf devient soumission et perte de liberté. Bien vite, ce qui aurait dû être une ode à l'amour se transforme en cauchemar de frustration, parfois de haine.

Cette bascule dans l'esclavage est ressentie avec plus d'acuité encore quand la femme a dû renoncer à sa carrière pour assumer sa maternité. Et comme le travail des femmes est quasi devenu la règle (en 1990, en France environ 75 % des femmes ayant des enfants travaillaient), la perte de liberté imposée par les tâches maternelles est une plainte de plus en plus répandue.

Chez Graziella, l'angoisse d'étouffement est liée

avant tout à sa conviction qu'elle doit vivre, à son tour, les souffrances endurées par sa mère soumise à quatre enfants conçus dans la douleur et la tristesse. Elle aussi doit se soumettre aux exigences de sa fille, ce qui la pousse à se précipiter vers Sofia au moindre pleur nocturne. À son tour, elle se plaint du poids imposé par un enfant et revendique son droit à *sa* vie : « Parce que j'ai aussi ma vie. On oublie toujours les parents ; on fait beaucoup de philosophie autour des enfants, mais il y a aussi les parents ! »

Graziella redoute l'enfermement dans une relation exclusive avec sa fille, car elle craint de sombrer à son tour dans la déprime. Elle aspire à voir du monde, comme autrefois en Sicile, dans le tumulte de la rue, afin d'échapper à l'engloutissement où l'aspire sa maternité.

On sent bien dans cette angoisse d'être possédée par la dépendance à son enfant – qui la suit « jusque dans la douche » – que Graziella a peur d'être vidée, de disparaître, de devenir elle aussi une mère murée dans le vide et le silence.

Mais si elle souffre à ce point des exigences débordantes de sa fille, n'est-ce pas parce qu'elle-même, dans son enfance, s'était sentie pesante pour sa mère ? N'est-elle pas en train d'expier *son* désir de possession exclusive de sa mère en se sacrifiant aujourd'hui aux demandes de Sofia ? Quand Graziella conclut que sa mère a vécu la même chose autrefois, n'est-ce pas parce qu'elle se sent obligée, par culpabilité, de vivre à son tour sa maternité sur le mode de la souffrance et de l'esclavage ?

Cela me semble bien être le cas. Graziella exprime une intense sympathie pour sa mère et lui témoigne une grande reconnaissance pour tout ce qu'elle a fait pour ses enfants. Si elle sent sa fille comme une espèce de prédateur, c'est qu'elle ressent inconsciemment qu'elle a autrefois abusé de l'amour de sa mère.

L'appel au secours

Le recours de Graziella à un psychothérapeute est compréhensible. Elle se sent happée dans un processus de ressemblance forcée à une mère souffrante et déprimée. C'est Sofia, en naissant, qui l'a engagée sur cette pente glissante, puisque c'est elle qui a fait de Graziella une mère et qui, en même temps, l'étouffe par ses demandes.

Je perçois l'inquiétude de Graziella de devenir « mentale » (c'est-à-dire folle) à son tour et d'exposer sa fille à une mère insuffisante parce que enfermée dans sa déprime. Mais elle n'arrive pas à verbaliser ses angoisses pour justifier une demande de consultation. Il a fallu attendre que Sofia développe un trouble du sommeil pour que soit exprimée, et légitimée, la demande d'aide.

Cet utilisation du symptôme objectif de l'enfant comme signal d'alarme et comme légitimation d'une demande d'aide est quasi systématique. Il est rare que des parents viennent voir le psychiatre pour enfants en se mettant d'emblée en cause, ou en se plaignant de *leurs* troubles subjectifs. Le symptôme de l'enfant est donc d'une grande utilité puisqu'il alerte les parents, révélant une faille du système parents-enfant. Il joue également le rôle d'ouverture sur l'univers psychologique des parents.

Dès la première séance, le thérapeute guette une éventuelle transformation de la plainte initiale des parents en un désarroi – au sujet du symptôme de l'enfant – traduisant leurs propres émotions. Dans le cas de Graziella, cette transformation s'opère très progressivement. Elle reste longtemps centrée sur les problèmes de sommeil de Sofia, d'ailleurs soutenue par son mari qui participe aux entretiens. Ingmar parle peu pendant les séances. Il s'occupe un peu de Sofia et ponctue le discours de sa femme de courts commentaires, se ralliant toujours à son point de vue. Le trouble du sommeil les a beaucoup affectés, explique-t-il, et lui aussi redoutait la mort subite du nourrisson. Il semble avoir compris que Graziella passe par une mauvaise phase : « Tu te déprimes toujours un peu en automne », lui dit-il. Sa contribution à la thérapie est surtout motivée par sa compréhension de l'inquiétude de Graziella, son soutien à la démarche thérapeutique et la valorisation de son épouse. Il cherche à protéger Sofia. Par exemple, lorsque Graziella manifeste son impatience à mettre Sofia au jardin d'enfants, il intervient en me posant la question : « Ne risquera-t-elle pas de se sentir rejetée ? » faisant ainsi la preuve de sa sensibilité.

Il est intéressant de noter que Graziella n'abordera pleinement sa nostalgie de la Sicile de son enfance qu'à l'occasion d'une séance à laquelle Ingmar sera absent. C'est comme si elle n'osait dévoiler l'étendue de son attachement à sa mère qu'en dehors de la présence de son mari, cherchant peut-être à le protéger de l'idée d'un attachement ancien qu'il ne saurait combler. Ce n'est qu'à partir du moment où *elle* exprima son manque en parlant du voyage d'Ingmar comme point de départ des insomnies de Sofia que le lien sera établi entre le symptôme de l'enfant et les plaintes subjectives de la mère. Ce processus de subjectivité passera d'abord par les plaintes au sujet de la Suisse, puis par l'évocation nostalgique de la Sicile, pour arriver à son apogée quand Graziella révélera son angoisse de devenir dépressive comme sa mère.

La plupart des parents cherchent à calmer leur inquiétude liée à un trouble de leur enfant avec les moyens du bord. Dans un deuxième temps, ils ont recours à leur famille, et le soutien attentif d'une grand-mère suffit à rassurer une mère fragilisée. L'étape suivante est la demande d'aide au médecin, généralement au pédiatre. Bien des consultations en pédiatrie pour un symptôme d'apparence physique (trouble du sommeil ou de l'alimentation) sont, en fait, des appels à l'aide de mères débordées ou défaillantes. À cet égard, il est important de souligner que les troubles du sommeil du jeune enfant ne s'améliorent pas avec des médicaments et que le pédiatre devrait reconnaître leur nature psychologique (dans la plupart des cas), et entreprendre une discussion approfondie avec les parents.

Graziella a opté pour l'approche psychothérapeutique parce qu'elle a été bien conseillée par son pédiatre, mais peut-être aussi parce qu'elle gardait en mémoire les souffrances psychiques endurées – sans aide d'aucune sorte – par sa mère. Mais elle ne s'est pas limitée à l'aide psychothérapeutique. Poussée par l'urgence de la situation, elle a entrepris deux autres démarches, très personnelles et fort adéquates, révélant l'amplitude de ses ressources.

Une mère pour la mère

Graziella a compris qu'elle était vraiment à bout lorsqu'elle s'est mise à repousser sa fille, parfois même avec violence. « Je ne sais pas pourquoi elle est attachée à moi ; j'aimerais qu'elle mette un peu de distance. Je trouve super qu'elle m'aime bien, mais pas trop... Il y a des jours où je criais franchement. Je lui disais :

Mais va ailleurs, laisse moi tranquille. Mais vraiment, très fort. Et puis là elle pleurait ; ça n'arrangeait rien... Je la poussais presque, parce qu'elle s'accrochait à mes jeans. » Et Graziella de répéter : « Une enfant seule avec sa mère, ce n'est pas bien. » On comprend mieux cette phrase à présent. Graziella craint que l'attachement désespéré de sa fille n'entraîne chez elle un désir violent de la repousser, de lui faire du mal. Suivant alors sa conviction qu'un enfant a besoin de beaucoup de contacts, Graziella a la bonne idée de chercher une femme qui puisse l'aider à la maison et jouer le rôle d'une mère d'alternance pour Sofia. Elle a mis une annonce dans les journaux et a eu la chance de trouver une dame de quarante-cinq ans, originaire... d'Italie du Sud ! Dans leur langue maternelle, elles évoquent leur pays d'origine. La présence de cette femme a immédiatement apporté un grand réconfort. Elle prodigue des conseils à la jeune mère, elle la rassure. Sa présence a détendu l'atmosphère : le danger de l'enfermement et de la solitude a disparu d'un coup.

Il semble bien que, grâce à cette nouvelle relation, Graziella soit parvenue à récupérer des bribes de son paradis perdu, la Sicile de son enfance, avec ses accents et sa chaleur. À travers cette femme, elle retrouve l'image d'une mère chaleureuse, telle que l'était la sienne avant que la dépression en ait fait une absente. Enfin, par moments, elle peut échapper à son exil et redonner de la vie à ses échanges avec Sofia.

Retour aux sources

Alors que Graziella se plaint du poids de la dépendance de Sofia, elle émet des hypothèses sur la source de ce problème et imagine une seconde mesure : « Moi je pense qu'elle est trop dépendante de moi ; elle s'ennuie ; je pense que c'est du fait qu'elle ne voit pas assez de gens. Elle voudrait voir plus d'enfants. Au parc, elle est très sociable, elle regarde beaucoup, elle aime les enfants et essaie de les toucher. Chez mes parents, il y a beaucoup de monde, des cousins, des gens qui viennent la voir. Quand j'étais petite, on était beaucoup dans la rue. Il y avait les tantes, et des tas d'enfants, mon grand frère s'occupait de moi. Ici, je n'ai personne. »

Insensiblement, Graziella fait coïncider son sentiment d'isolement avec l'ennui qu'elle ressent chez sa fille. Pour l'en protéger, elle voudrait lui faire connaître l'animation de *son* enfance ; Graziella insiste sur les rencontres, le rôle des tantes, des cousins, du frère. Nulle allusion à sa mère. Il semble bien qu'elle trouvait une compensation dans ses échanges avec d'autres que sa mère, celle-ci étant peu disponible, sans doute du fait de sa dépression.

Peu à peu, l'idée d'un retour en Sicile prend corps comme antidote à la déprime en Suisse. Jusqu'au jour où Graziella m'annonce qu'elle a décidé de passer dix jours de vacances dans son pays natal. Elle cherche ainsi à se ressourcer dans l'atmosphère d'antan et à initier Sofia aux joies des rencontres, des voix et des odeurs siciliennes.

Dormir comme un bébé

Au retour de ces vacances, je constate une amélioration sensible de la situation. Sofia dort beaucoup mieux, elle a trouvé un nouveau rythme de sommeil. Graziella m'explique la transformation de sa fille : « Je trouve qu'elle est devenue une enfant maintenant ; elle n'est plus un bébé. Il y a quelque chose qui change. Ça casse une période ; c'est moins maternel, disons, mais c'est bien aussi. Elle est plus indépendante, disons. Maintenant, c'est chouette de jouer avec elle, il y a un échange ; je vois que j'existe pour elle d'une façon différente. Là-bas, elle a vu beaucoup de monde, et je trouve que c'est tellement important pour les enfants. C'est ma mère qui l'a gardée, et mon mari et moi, nous sommes partis dans une île. Ma mère m'a dit, quand elle a vu cet attachement tellement fatigant, il faut la mettre quelque part, il faut casser ça, tu peux pas continuer comme ça ! »

Il s'est passé quelque chose durant ces dix jours. Depuis, Graziella voit Sofia avec d'autres yeux, et cette dernière a effectivement changé, puisqu'elle fait des nuits presque parfaites.

Dans cette mutation opérée par le retour aux sources, il faut souligner le rôle de la grand-mère : elle a *autorisé* Graziella à s'occuper d'elle-même, à prendre des vacances avec son mari, et à envisager de « mettre Sofia quelque part ». Forte de son expérience de mère « débordée », elle a incité sa fille à ne pas se laisser submerger par les tâches maternelles et à chercher des solutions. Elle a autorisé Graziella à ne plus se soumettre à sa fille et à prendre une distance qui lui permette de respirer. Dans le même temps, un autre facteur a joué un rôle bénéfique : l'intimité retrouvée du couple, momentanément libéré de l'intrusion du bébé insomniaque. On appelle ce moment précieux, qui célèbre la renaissance du lien conjugal mis en veilleuse pendant la grossesse et les premiers mois du bébé, « la censure de l'amante (4) ». Les plaisirs de ces retrouvailles tempèrent la tendance à se laisser happer par la maternité et « censurent » le lien exclusif mère-bébé. Bien des couples échouent dans cette mutation nécessaire, ce qui a pour conséquence une séparation entre le père et la mère, accaparée par son amour exclusif de l'enfant.

Le voyage en Sicile et le rapprochement avec la grand-mère ont joué le rôle de retour aux sources : Graziella a retrouvé son paradis d'enfance, elle a pu s'appuyer sur une mère qui la comprend et revivre ainsi l'illusion d'être le bébé de sa mère : « Je peux avoir confiance en ma mère les yeux fermés ! » Je lui demande alors si, de fait, elle a pu dormir « les yeux fermés » pendant son séjour en Sicile : « Complètement ! Douze heures d'affilée. *Un horaire de bébé !* C'était fantastique. C'était vraiment génial. »

Parce qu'elle a pu retourner dans l'ambiance de sa première enfance, Graziella a retrouvé le sommeil d'un bébé protégé par la proximité de sa mère. Blottie dans ce confort familier, elle a pu, les yeux fermés, laisser Sofia partir à son tour dans le monde du sommeil.

Les gardiennes de la nuit

Bien des qualités et des défauts se transmettent de génération en génération, et l'histoire de Graziella fait ressortir la nécessité d'une continuité et la sécurité offerte par ce qu'on peut appeler la tradition. C'est parce que Graziella s'était sentie coupée de ses sources qu'elle se croyait incapable d'apporter à son bébé la sécurité nécessaire à l'abandon au sommeil. Trop effrayée par le poids de la dépendance du bébé, elle repoussait Sofia quand elle s'accrochait à elle. Cet attachement se manifestait de manière plus aiguë à un moment de séparation comme le coucher. C'est lors du coucher que – à son insu – Graziella évitait le rapprochement initié par sa petite fille angoissée par la séparation de la nuit, et c'est à cette fuite que Sofia réagissait par son refus de dormir et ses appels nocturnes.

Pour parvenir à tolérer la dépendance accrue de son bébé et pour devenir une mère sécurisante au moment du coucher, Graziella devait passer par l'acceptation préalable de sa propre dépendance de bébé. Il fallait qu'elle renoue avec l'ambiance sécurisante de son enfance et, pour ce faire, elle devait vérifier que sa mère pouvait accueillir, sans faillir, sa propre dépendance.

Ce processus de réintégration dans la filiation maternelle, nécessaire pour assumer à son tour le rôle de mère protectrice, Graziella l'a d'abord réalisé dans la psychothérapie en évoquant sa nostalgie. Ayant ainsi reconnu *son* manque, elle a pu évoquer sa culpabilité d'avoir trop pesé sur sa mère, puis oser retourner aux sources pour tester la capacité de sa mère à tolérer le poids de son attachement. C'est ainsi qu'elle est parvenue à retrouver son « horaire de bébé » et à s'abandonner « les yeux fermés » au sommeil réparateur. Renouant avec la tradition maternelle de réconfort et de soutien, elle a pu l'offrir à sa fille et, quelque temps plus tard, Sofia ne présentait plus aucun trouble du sommeil.

Dès lors le cercle était refermé : par ce retour en arrière, Graziella avait recréé l'image de sa mère protectrice. C'est en retrouvant le sommeil dans les bras – symboliques – de sa mère que Graziella, à son tour, a pu protéger le sommeil de Sofia. Ainsi ressourcée, Graziella perpétue une fonction ancestrale des mères : gardiennes du sommeil des petits enfants.

5

Une fillette enceinte

Treize mois plus tard

Il est toujours très intéressant de suivre l'évolution d'un enfant dès son plus jeune âge. Souvent surprenant, ce parcours met le psychiatre pour enfants au défi de prédire les aléas d'une destinée. Mais si des surprises sont souvent de mise, le suivi au cours des années permet aussi de retrouver des constantes, avec la répétition de thèmes centraux.

Reprenons l'histoire de Graziella et de Sofia là où nous l'avons laissée, un an et un mois plus tôt. Entretemps, un petit frère est né. Quelle va être la portée de cet événement sur la mère et la fille ? En nous penchant sur cette question, nous allons retrouver la permanence de certaines positions fondamentales déterminant la pensée, les sentiments et les attitudes de Graziella.

Les effets d'une naissance sur la famille

La famille de Graziella et de Sofia est une famille comme tant d'autres, partageant les contraintes et les joies communes à beaucoup de jeunes couples, en particulier lorsqu'ils sont séparés de leurs familles d'origine. Elle ne présente pas de symptômes psychiatriques ou d'anomalies. Notre analyse de ce qui se produit au sein de cette petite cellule lors de l'arrivée d'un nouveau membre va permettre d'étendre notre compréhension à bien d'autres familles et d'entrevoir comment mères et filles peuvent réagir à une naissance.

Le désir d'enfant

Bien souvent, le désir d'enfant est motivé par des raisons inconscientes. Pour Graziella, on s'en souvient, « ce n'est pas bon pour un enfant d'être seul avec sa mère ». Nous avons vu qu'elle cherchait avant tout à protéger sa fille d'une solitude qu'elle-même avait connu lors de l'éloignement de sa mère, prisonnière de sa dépression. C'est pourquoi elle voulait socialiser sa fille au plus vite, en recréant l'atmosphère d'animation qu'elle avait connue en Sicile. Elle lui cherchait des compagnons et pensait déjà au moment béni de son entrée en crèche. Mais, bien sûr, l'idéal pour rompre la solitude de Sofia était la présence de frères et sœurs. Elle fondait cette idée sur sa propre expérience : elle était la dernière de quatre enfants.

Et c'est ainsi qu'elle commença une nouvelle grossesse quand Sofia eut treize mois. Pressée d'amener sa fille à un stade d'indépendance accrue, elle la mit en crèche deux mois avant la fin de son terme. Beaucoup de mères sont ainsi prises de panique lors des derniers mois de leur grossesse à l'idée de bientôt s'occuper de deux enfants en bas âge. Elles s'appliquent alors à comprimer – en l'accélérant – la durée du développement normal de l'aîné, le mettant en crèche, lui apprenant la propreté ou le sevrant plus tôt de ses privilèges de bébé. Le plus souvent, l'enfant réagit mal à une telle pression et répond en développant des symptômes : ce peut être un comportement régressif (ce qui va à l'encontre du projet maternel), une attitude d'opposition et des crises de colère, ou encore une exacerbation de l'angoisse de séparation. Ainsi, Sofia va mettre au point un stratagème pour faire face aux nombreux bouleversements qu'entraîne l'arrivée de son petit frère.

La constipation peut être une grossesse

Graziella me téléphone, assez inquiète. Elle veut me voir : Sofia, alors âgée de deux ans et deux mois, fait une rétention de selles. Je n'irai pas jusqu'à dire que je m'attendais à cela, mais la nature du symptôme n'est pas surprenante. L'encoprésie (nom scientifique de cette forme accentuée de constipation) est, en effet, une réaction relativement fréquente chez un aîné à la nouvelle grossesse de sa mère, chez le garçon comme chez la fille. Je savais aussi que Graziella était pressée de faire un deuxième enfant, et je suspectais que sa hâte l'avait poussée à mettre Sofia en crèche d'une manière un peu précipitée. Sofia avait réagi par des pleurs violents.

Graziella me dit aussi que sa fille est devenue capricieuse : elle est entrée « dans l'âge de la révolte » et pique des crises de colère.

Lors de notre première consultation, je remarque que Graziella éloigne Sofia de ses genoux, l'enjoignant à jouer par terre, tout en m'expliquant : « C'est important de la socialiser, de ne pas la laisser trop seule avec moi à la maison. Elle veut bien retourner à la crèche, mais seulement avec moi. » Je retrouve là un thème bien connu, révélé lors de la précédente thérapie : la mise à distance entre mère et fille pour favoriser le développement de nouvelles relations pour l'enfant avec ses pairs. Je constate également que, dans l'échange, Graziella tient sa fille à distance. Je ne suis pas loin de penser que les symptômes énumérés – de l'encoprésie à la révolte – sont en fait l'expression des revendications non entendues de Sofia qui réclame son dû de contact et de dépendance.

Rétention de selles, rétention de bébé

Graziella me décrit le nouveau symptôme de Sofia. Tout a commencé trois semaines avant la fin de sa grossesse. La petite fille a mal au moment de la défécation, ce qui est normal compte tenu du volume de selles retenues jusqu'à quatre jours... Graziella a d'abord pensé à une fissure à l'anus, ce qui ne fut pas confirmé par le pédiatre. Elle m'explique : « Son derrière est un quartier interdit. Je n'ai pas le droit de la toucher sans qu'elle crie : Ne me touche pas ; ça fait mal ! »

Pendant que Graziella décrit le symptôme de Sofia à la naissance de Luigi, le petit frère, la fillette s'est assise sur... une poupée, exprimant à la fois son désir d'écraser un bébé et un contact entre son derrière et un bébé. Cette proximité traduit sa croyance que la naissance se fait par l'anus. (Les petits enfants pensent souvent qu'on fait un bébé en avalant une substance germinative et qu'on le produit comme une selle.) J'explique à Graziella que Sofia a peur qu'elle lui fasse mal au derrière (par l'usage de suppositoires laxatifs), comme elle a dû avoir peur que la naissance ait fait mal au derrière de sa maman. Graziella enchaîne en décrivant les douleurs intenses de son accouchement, expliquant qu'elle devait se retenir pour attendre l'obstétricien, alors qu'elle n'avait qu'une envie : « que ça sorte ». Elle ajoute qu'elle a été déchirée au moment de l'expulsion.

La ressemblance entre les souffrances de la mère et celles de la fille, entre la grossesse et la constipation, entre la fissure présumée de Sofia et la déchirure subie par Graziella est tellement évidente qu'on s'étonne même que ceux qui rapportent ces récits ne fassent pas spontanément le rapprochement. Une des démarches les plus fréquentes et les plus simples du psychothérapeute consiste, précisément, à établir ce type de liens que les personnes concernées, vivant la situation de trop près, ne peuvent percevoir d'elles-mêmes.

Il me suffit donc de verbaliser l'analogie : « Vous savez bien, dis-je à Graziella, ce que c'est qu'une rétention et ses douleurs. Vous pouvez donc sympathiser avec Sofia. » À quoi Graziella rétorque en généralisant les douleurs féminines : « J'ai pu comprendre comment les femmes souffraient avant les anesthésies. Ma mère m'a dit que je l'ai déchirée, je pesais cinq kilos. » Puis elle souligne le contraste entre les femmes et les hommes, m'expliquant que son fils Luigi l'a fait souffrir, mais que lui était né « tout sourire » : « Moi, j'ai souffert pour lui, mais lui était bien. »

On voit poindre dans cette description une forme de théorie générale, un *a priori* de base, selon lequel la femme est condamnée à l'incontournable expérience de la douleur (à travers trois générations : grand-mère, mère et fille ont souffert dans leur corps), alors que le garçon, lui, est tout sourire.

Ce récit d'apparence anodine, reprenant des vérités bien connues (comme les douleurs de l'enfantement), révèle en fait des valeurs culturelles et des attitudes profondément ancrées dans cette famille. Lorsqu'elle souligne la douleur de sa fille à l'expulsion des selles, Graziella fait savoir à Sofia que l'identité de femme est fondée sur la souffrance. Comme elle-même lors de son accouchement, et comme sa mère avant elle, Sofia s'intègre à son tour dans cette filiation de douleur. Graziella semble *vouloir* identifier sa fille à cette image de la femme, qu'elle oppose à celle des hommes, épargnés par ces souffrances. *Comme si l'anatomie était une destinée en soi.* Cette déchirure-là, jamais les hommes ne la vivront, semble-t-elle dire, non sans un certain dépit.

Fort de la conviction que mère et fille s'identifient l'une à l'autre par l'intermédiaire des douleurs de l'enfantement, j'entreprends de faire ressortir cette homologie, jusqu'alors inconsciente, chez les deux protagonistes. La tâche m'est facilitée par la participation active de Sofia, qui s'est mise à jouer alors que sa mère me décrit son accouchement. Sofia, qui est restée assise sur la poupée-bébé, s'amuse à faire la cuisine. De manière répétée, elle pose des légumes dans une casserole en fermant soigneusement le couvercle. Après que Graziella a rapporté qu'elle aussi avait déchiré sa mère, je m'adresse à Sofia – qui ne parle pas français – en demandant à sa mère de traduire mes propos en italien. Comme la fillette est en train de manier un couteau en plastique pour préparer sa soupe, j'enchaîne en lui demandant si sa maman a été « coupée » à cause de Luigi et si elle pense qu'elle a eu mal. Sofia acquiesce. Elle ajoute qu'elle a eu très peur quand sa mère a accouché, parce qu'elle pensait qu'elle avait eu très mal au ventre. Elle aussi, elle a mal quand elle a un gros caca dans le ventre. Sofia se tourne alors vers moi, pointant son ventre du doigt et dit : « Quand j'ai mal au ventre, maman met un suppositoire. » Puis elle continue à placer des légumes dans la casserole qu'elle referme et rouvre au fur et à mesure, ce que je considère comme une représentation jouée du thème de l'enfermement puis de l'ouverture : les deux temps de la grossesse et de l'accouchement, de la digestion et de la défécation. Je lui dis alors qu'elle aussi elle a des bonnes choses dans son ventre et qu'elle aime les garder longtemps, comme sa maman a gardé Luigi dans son ventre.

Ainsi s'organise progressivement une sorte d'étrange conversation à trois, où j'entreprends de parler très sérieusement à cette enfant de vingt-six mois de ses théories sur l'accouchement, des sentiments suscités par la grossesse, de l'inquiétude causée par l'effet de la naissance sur le corps de sa mère.

L'art de la conversation à deux ans

On pourrait s'étonner que je converse avec une fillette de vingt-six mois et puisse imaginer qu'elle comprenne ce que je lui dis. Pourtant, à la suite de cet étrange échange, Sofia a cessé sa rétention de selles, qui durait depuis trois mois.

Quelque chose d'important s'est donc passé, affectant jusqu'au fonctionnement des intestins de Sofia. L'effet de notre conversation sur le symptôme est indéniable, mais comment l'expliquer ? En psychiatrie, mais parfois aussi en médecine, les améliorations, voire les guérisons, surviennent souvent sans qu'on puisse les expliquer. En psychiatrie il est difficile de déterminer tous les ingrédients qui concourent à la guérison, plusieurs facteurs pouvant intervenir simultanément, sans qu'on parvienne à définir précisément le rôle de chacun.

En psychanalyse on attribue les progrès à la *mise en mots de problèmes inconscients*, dans le cadre de la relation – chargée émotionnellement – au thérapeute. Peut-on imaginer que la verbalisation des problèmes de Sofia puisse l'aider à maîtriser des émotions jusqu'alors inconscientes ? Peut-on prétendre qu'elle a fait, à vingt-six mois, un transfert sur le thérapeute ?

Plus je travaille avec de très jeunes enfants, plus je suis impressionné par leur capacité à entrer en résonance avec le langage et les propos des adultes. Il n'est pas rare de voir un bébé de neuf mois, par exemple, se joindre à sa manière au récit de sa mère par son comportement : il « agira » précisément le problème que vient d'évoquer sa mère. Peut-on pour autant affirmer qu'un bébé de neuf mois comprend le contenu des propos de sa mère, je ne le pense pas. Mais il comprend *un ensemble de signes*, allant de l'intonation de la voix aux gestes et, surtout, aux mimiques de sa mère. Certains de ces « ensembles », composés de multiples signaux répétés par la mère, deviennent des sortes de signifiants, des présymboles comportementaux, qui sont en fait des formes précoces de communication. C'est probablement à cela que les bébés « répondent », avec d'autant plus de pertinence que mère et enfant sont unis dans des moments de communion ou d'entente intuitive.

Dès que l'enfant a un accès à la langue parlée, on perçoit plus facilement les effets qu'ont sur lui les paroles de l'adulte. On peut alors entreprendre de vraies « conversations » avec le bébé, ce qui autorise de réelles psychothérapies, au cours desquelles ce qu'on dira à l'enfant servira aussi d'éclaircissement à la mère. Par exemple, quand je dis à Graziella qu'elle aussi a connu les douleurs d'une rétention et que constipation et grossesse ont des points en commun, je l'aide à s'identifier au problème – jusqu'alors incompréhensible pour elle – de sa fille, et donc à le considérer avec sympathie. Cela va lui permettre de réagir différemment à l'attitude de son enfant, et de manière plus positive. De même, lorsque j'interprète le jeu de la casserole comme l'équivalent des repas imaginaires que, dans l'esprit de sa fille, Graziella préparerait pour Luigi dans son ventre, et que je compare la rétention de selles à une grossesse créée par Sofia, j'aide la mère et la fille à décoder le comportement de l'enfant en termes de jalousie (des avantages de Luigi), d'envie (de la mère qui fait un bébé) et d'inquiétude (pour le corps déchiré de la mère). Chacune des mes phrases étant saisie conjointement par la mère et la fille, il est difficile de savoir par qui, de Graziella ou de Sofia, passe réellement l'effet curatif. En fait, mère et fille sont traitées *ensemble* ; il s'agit bien de la psychothérapie d'une *relation*, et non simplement d'un individu désigné comme patient.

En psychiatrie de l'enfant et de l'adolescent, et surtout lorsqu'il s'agit d'enfants très jeunes, on a plus de chance de venir à bout d'un symptôme en agissant sur l'enfant *et* sur sa famille. Ce qui prouve bien, s'il en est encore besoin, qu'une partie des problèmes des enfants est déterminée, et maintenue, par les pensées, les conflits et les attitudes *familiales*. Plus l'enfant est jeune, et plus il sera aisé de l'atteindre par l'intermédiaire de ses parents. C'est pourquoi les traitements d'enfants jeunes concernent le plus souvent la relation parent-enfant.

Il reste qu'il est étonnant de voir une enfant de vingt-six mois s'intéresser à une conversation psychothérapeutique et y apporter une contribution active par son jeu et ses verbalisations, et plus étonnant encore que ce curieux échange puisse avoir sur elle un effet aussi profond. Aussi me paraît-il nécessaire de suivre pas à pas les nombreux échanges, verbaux et ludiques, qui ont animé cette séance, et de tenter de saisir ce qui a pu agir sur le symptôme de rétention.

À quoi pensent les petits enfants?

Si l'on suit en détail le jeu et les verbalisations de Sofia au cours de cette séance, on arrive à mieux comprendre comment elle se représente son problème et, plus généralement, quelles sont les préoccupations et les pensées des petits enfants.

Alors que sa mère parle de la rétention, de son accouchement, de ses douleurs, Sofia est profondément absorbée par un jeu très répétitif : assise sur la poupée-bébé, elle prépare une soupe, entassant des légumes dans une casserole qu'elle referme soigneusement, tout en prononçant souvent la phrase suivante : « C'est chaud. »

Premier niveau de compréhension du jeu : Sofia chercherait à *imiter sa mère*. Elle s'implique dans des tâches ménagères, et on peut imaginer qu'être assise sur une poupée représente son désir d'avoir, elle aussi, un bébé. Mais ce premier niveau de compréhension ne suffit pas : on ne sait toujours pas pourquoi elle insiste tant sur le besoin de *fermer hermétiquement* la casserole, ni pourquoi ce contenu est sans cesse désigné comme *chaud*, ni pourquoi, tout d'un coup, elle déclare : *Le couteau, ça fait mal!* (pour préparer la soupe, elle se sert d'un petit couteau en plastique).

Comment un aîné ressent la grossesse de sa mère

Il m'a donc fallu décoder ces différents éléments. Le caractère répétitif et précis de la préparation de la soupe me paraît révéler l'intérêt de Sofia pour la nourriture et je l'ai interprété en termes de jalousie : elle a vu son petit frère allaité par sa mère, ce à quoi elle a réagi avec colère et dépit. « Elle n'aime pas ça. C'est probablement trop intime pour elle », a expliqué Graziella. Lorsque j'ai ajouté qu'elle devait penser que sa mère nourrissait Luigi en lui faisant de la bonne soupe quand il était dans son ventre, je me suis livré à une interprétation plus hardie ; je me suis en fait appuyé sur ma connaissance du répertoire des fantasmes habituels exprimés par les enfants, mais aussi dans certaines cultures : le fœtus est enviable parce qu'il partage une intimité totale avec sa mère, entièrement disponible, qui le nourrit continuellement de festins intra-abdominaux. Ces fantasmes de grossesse idyllique attisent la jalousie de l'aîné, provoquant des haines souvent intenses pour le bébé-rival comme pour le ventre maternel, source de ces gratifications idéalisées. Dès lors, par extension, le corps de la mère est à la fois intensément désiré et haï. La jalousie est telle que l'enfant inflige en pensée les pires sévices au fœtus et au corps maternel, ce qui entraîne une profonde inquiétude chez l'enfant : il risque de blesser et de faire souffrir le corps de celle qu'il aime le plus au monde. Ce sont là les termes d'un conflit inaugural qui fait le lit de conflits futurs où se rencontrent, souvent avec violence, des sentiments d'amour et de haine dirigés vers une même personne.

Beaucoup des symptômes produits par un aîné à la naissance du cadet sont le fruit de ce conflit. L'aîné, déchu de son rôle privilégié, doit trouver un compromis entre son désir d'amour pour sa mère et sa haine d'avoir été trahi.

Dans le cas de Sofia, la révolte, l'opposition, puis la rétention de selles sont autant d'expressions de ce profond conflit où se mêlent l'amour et la haine de la mère, la rivalité avec le frère, le désir d'imiter à la fois la mère et le bébé.

L'interprétation du thérapeute

Bien que le jeu de l'enfant trahisse un sens caché et révèle ses préoccupations profondes, il faut savoir les interpréter pour que ce sens caché prenne forme, entraîne une prise de conscience et, secondairement, l'avènement d'une nouvelle évolution du jeu, avec parfois la résolution du problème.

J'ai formulé plusieurs interprétations. D'abord une équivalence entre les douleurs de l'enfantement et celles de la défécation : dès lors, la rétention devient un simulacre de grossesse. Puis une équivalence entre deux craintes de Sofia : la peur que sa mère lui touche le derrière (les suppositoires !) et la peur que le corps de sa mère ait été blessé par la naissance de Luigi. C'est l'angoisse du corps maternel endommagé qui provoque la phrase soudaine : « Le couteau, ça fait mal ! »; elle qui tient alors le couteau de plastique dans la main : la phrase révèle donc qu'elle se considère la cause du dommage corporel de sa mère.

Ce moment est important : il permet à la fillette d'exprimer son agressivité à l'égard de sa mère tout en constatant qu'elle n'est pas dévastatrice pour autant. Du coup, Sofia peut mieux assumer sa colère puisque, de clandestine et solitaire elle est devenue publique et partagée.

Troisième équivalence : le jeu de la soupe. Je souligne le désir qu'a Sofia de garder la nourriture bien enfermée à l'intérieur de la casserole, comme elle veut garder ses selles dans son ventre (pour « imiter » la grossesse maternelle). En lui suggérant qu'elle imaginait peut-être sa mère préparant une bonne soupe pour Luigi dans son ventre, je lui permets de mettre en forme sa jalousie du couple mère-bébé et de leur orgie alimentaire.

C'est alors que Sofia me prend comme partenaire, décidant probablement que je peux lui être un allié précieux. Elle vient vers moi, me tend la casserole pleine, sur laquelle elle a posé un petit pot de chambre, et dit : « derrière » en désignant le pot. On perçoit là toute la valeur du jeu chez l'enfant ; en créant cet ensemble « casserole pleine attachée à un pot-derrière », elle met en scène, à sa façon, une représentation imagée et ludique de son corps (et, simultanément, du corps enceint de sa mère) : un contenant plein d'aliments chauds, attaché à un autre contenant, le pot, qui doit recevoir les selles. Ce faisant, elle montre qu'elle a intégré mes interprétations et qu'elle les accepte en les reproduisant par le biais de cette mise en scène.

Nous voici désormais complices dans une construction commune de l'image condensée de la mère enceinte et de la fille constipée. Une communication est passée. Par l'intermédiaire du jeu, nous partageons cette théorie de la rétention des selles comme équivalent de la grossesse.

Ce qu'il y a de merveilleux dans cette conversation thérapeutique, c'est que cette fillette de vingt-six mois se soit prêtée de façon imaginative à la création commune d'un nouveau sens de son symptôme. C'est elle qui a initié le jeu de la casserole fermée, c'est moi qui lui ai donné un sens verbalisé, et c'est elle encore qui a créé cet objet bizarre qu'est la casserole assortie du pot-derrière. Elle est donc parfaitement « branchée » sur le langage de l'inconscient que j'explicite, et prête à le faire sien.

Cette expérience montre bien que le jeu de l'enfant peut représenter ses fantasmes inconscients, et justifie que l'on puisse entreprendre, le cas échéant, une psychanalyse chez un enfant aussi jeune. Voyons maintenant le résultat de ce jeu thérapeutique.

La résolution

Nous avons reconnu le mal : l'identification au corps d'une mère enceinte et abîmée par l'accouchement, dans le contexte d'un conflit entre l'admiration et la jalousie, entre le désir de posséder le corps maternel et de l'agresser. Il s'agit à présent de trouver une issue heureuse à ce conflit, et c'est encore par le jeu que nous allons y parvenir.

Sofia m'a donc élu comme partenaire de son jeu en m'apportant la casserole et ses accessoires. Je suis désormais convaincu que ce jeu met en scène le problème de la contention et de l'enfermement, pour fuir l'image angoissante de la sortie par effraction, cause de déchirure. Dans le but de dédramatiser cette contention forcée, je me mets à jouer à vider la casserole. J'ôte le couvercle, renverse toute la soupe par terre en accompagnant ce geste d'un grand bruit. Sofia est amusée, elle ramasse tous les légumes, en remplit à nouveau la casserole et la referme en annonçant : « La soupe est chaude. » J'en profite pour lui dire qu'elle a dû imaginer la bonne soupe que maman préparait dans son ventre pour Luigi. C'est à ce moment-là que je demande à Graziella si elle a allaité le bébé : « Oui, un mois, mais Sofia n'aimait pas ça. C'était trop intime. » À cet instant précis, Sofia saute sur les genoux de sa mère et, sans la moindre hésitation, plonge la main dans son corsage. Elle sourit au contact du sein maternel et déclare : « C'est *chaud* ! » Puis elle redescend des genoux de sa mère pour s'asseoir sur le pot (bien que celui-ci soit très petit, un accessoire de poupée). Elle y dépose ensuite un des légumes en plastique qui composaient la soupe, comme s'il s'agissait d'une selle qu'elle venait de faire.

Cette séquence m'a sidéré. Elle a mis en scène un désir jusqu'alors latent de se réapproprier les seins de sa mère au moment précis où nous évoquions la scène d'allaitement dont elle avait été exclue. C'est comme si Sofia s'était enfin sentie autorisée à réaliser un désir longtemps enfoui : prendre la place de Luigi et s'arroger le droit d'accès à la poitrine maternelle, source des festins les plus enviables.

C'est bien volontiers qu'elle renonce alors à s'identifier à la mère. Plutôt que de préparer une soupe factice en plastique, elle a droit au contact avec la source véritable de toutes les gratifications : le corps de sa mère.

À quoi sert le langage?

Le lien entre les seins et la soupe s'établit par le biais de la phrase : *c'est chaud!* Les seins sont chauds, comme la soupe était chaude. Mais pourquoi cette accent sur l'adjectif *chaud*? C'est Graziella qui fournit un élément de réponse : « Je lui dis " chaud " avec la nourriture pour qu'elle attende, afin de ne pas se brûler. » Le mot *chaud* est donc associé à un danger et à une interdiction. On perçoit ici l'énorme complexité qu'introduit l'usage du langage dans le monde des enfants. À première vue, *chaud* décrit simplement la soupe, qui, par définition, est chaude. On peut se dire ensuite que Sofia s'imaginait que sa mère préparait *une bonne soupe chaude* à l'intérieur de son ventre pour le bébé envié. De même, il est facile de se dire que Sofia rêve de toucher *les bons seins chauds* de sa mère. Mais le mot *chaud* sert aussi à interdire à l'enfant le contact avec un objet susceptible de le brûler. On peut donc prétendre qu'en touchant les seins enviés Sofia se réprimande elle-même en prononçant le mot qui sert d'interdiction. Les seins sont *chauds*, c'est-à-dire interdits, et peut-être même dangereux comme un objet brûlant.

Cette interdiction vient du plus profond d'elle-même. Tendue par l'envie de l'allaitement de Luigi, Sofia a inconsciemment désiré s'approprier les seins de sa mère. La vision du petit frère attaché au sein a soulevé en elle le désir de se venger de cette poitrine qui l'a trahie. Le désir de toucher les seins maternels s'est alors entaché d'un autre désir, celui de les meurtrir. C'est ainsi que le désir de contact va coïncider avec son interdiction. Sofia s'interdisait de toucher la poitrine de sa mère de peur de la blesser. Le vocable *chaud*, prononcé au moment même où Sofia rétablit le contact avec la poitrine enviée, traduit le conflit qui bloquait l'enfant : le désir de s'approprier les seins de sa mère était bloqué par celui, tout aussi vif, de les agresser. Il s'agit là d'une formulation typique du genre de problèmes vécus par les jeunes enfants, provoquant angoisse, blocage et symptôme. En prononçant le seul mot *chaud* en même temps qu'elle touche l'objet de son désir, Sofia résume toute la complexité de sa situation subjective. Elle révèle la chaleur de son désir pour l'objet, comme elle indique l'interdit de cet objet, menacé par sa revendication haineuse.

Le mot *chaud* recouvre donc des sens bien distincts et, surtout, contradictoires : le plus désiré est en même temps le plus interdit. En disant ce mot, Sofia révèle qu'elle a perçu au fond d'elle-même la nature conflictuelle de son désir. N'est-ce pas une preuve de la complexité de l'âme enfantine ? On saisit l'extraordinaire avancée que représente l'acquisition du langage. En utilisant un mot qui a plusieurs significations à la fois et dont les plus conflictuelles restent inconscientes, Sofia réunit dans un symbole unique (*chaud*) les tendances opposées de son âme, ce qui lui permet d'assumer à la fois un désir et son interdiction, parvenant à un compromis qui la prépare à sa vie d'adulte. De surcroît, l'usage du langage lui permet de partager avec autrui (sa mère et moi) son inquiétude existentielle : elle montre sa capacité à employer un code arbitraire, partagé par d'autres, pour communiquer sa réalité intérieure. C'est bien ce qu'elle a compris, m'indiquant son problème que j'ai décodé en termes de sentiments (angoisse, jalousie) et de pensées qui la tracassaient à son insu.

À quoi va nous mener cette prise de conscience ? Après avoir dit *c'est chaud*, Sofia descend des genoux de sa mère pour s'asseoir sur le pot dans lequel elle pose ensuite un légume-caca. On pourrait crier victoire ! La fillette semble avoir décidé qu'elle peut abandonner sa crampe intestinale et exécuter – encore sous forme de jeu, il est vrai – le geste que sa mère attend d'elle. Autorisée à retrouver l'intimité du corps de sa mère, elle peut relâcher son propre corps et libérer ses selles, emprisonnées dans l'entêtement de sa rétention. Sa mère lui a rendu la possession du sein, elle peut à son tour faire don de sa selle.

Cette résolution *symbolique* du symptôme, rendue possible par une reviviscence de l'échange mère-fille, a ensuite entraîné la résolution *réelle* de la rétention, qui disparut alors comme par enchantement.

J'espère avoir montré, à travers ce long récit des événements, qu'il n'y a pas eu de coup de baguette magique. C'est la richesse de l'échange entre Graziella, Sofia et moi-même qui a mené progressivement à une compréhension du symptôme et, surtout, à la restauration du contact mère-fille. La mise en forme du conflit central de Sofia dans le jeu a sans doute permis la résolution du symptôme. On peut donc qualifier cette séance de satisfaisante. Graziella a redécouvert de la sympathie pour sa fille (qui l'exaspérait par son opposition systématique), Sofia a regagné l'accès au corps de sa mère et trouvé un accueil et une compréhension de son problème. Quant au thérapeute, il a réussi à traduire un conflit entre une mère et sa fille, et à communiquer avec une fillette de vingt-six mois. Tout le monde a donc de quoi être content !

La suite montrera, hélas ! que le bonheur est tout aussi difficile à accepter que les misères de la vie. Loin de se réjouir des retrouvailles inaugurées en fin de séance par Sofia, Graziella, la fois suivante, se plaindra que Sofia fait à nouveau bien caca, mais qu'elle se réveille la nuit et que, de toute façon, c'est le lot de toute mère de souffrir par ses enfants...

« *Tu enfanteras dans la douleur* [1] »

« Sofia fait caca maintenant, mais alors ! elle est devenue impossible ! Elle nous réveille plusieurs fois par nuit, elle dit " non " à tout. C'est vrai qu'elle est très jalouse de son frère ; on a assisté à quelques crises assez mouvementées, elle jette des choses, elle se frappe souvent. Elle fait du scandale. »

Ainsi commence la séance ! On a le sentiment que, certes, le symptôme a cédé, mais il a été remplacé par d'autres manifestations : la jalousie, la rage, la violence. On pourrait dire que l'effet principal de la séance précédente a été de désigner, et donc d'*autoriser*, l'expression de sentiments jusqu'alors occultés « derrière » le symptôme de rétention. Ce qui était retenu sort maintenant au grand jour. Pour la famille, ce n'est guère plus facile, mais au moins Sofia a-t-elle pu

1. Genèse, 3, 16.

retrouver l'authenticité de ses pulsions et de ses sentiments, ce qui devrait permettre d'apporter de nouvelles solutions à son problème. Sa jalousie et son envie persistent, mais, dès lors qu'ils sont dévoilés et exprimés, on devrait pouvoir les aménager de façon plus saine.

La psychothérapie ne saurait éliminer les sentiments pénibles, ni faire disparaître les conflits ; mais elle peut démasquer les fausses solutions à un problème comme, ici, la rétention, puis découvrir le vrai sens du conflit jusqu'alors occulté par le symptôme. Enfin, la psychothérapie donne la parole au sujet souffrant, lui permettant de mettre au jour des sentiments et des désirs prohibés, comme la jalousie, l'envie ou la haine. Le sujet peut alors assumer ses revendications et ses frustrations, puis les partager en les verbalisant.

Ce dernier point est particulièrement important dans des thérapies où mère et fille viennent *ensemble*. L'enfant exprime ses problèmes par le jeu et les verbalisations. Cette communication à la mère des angoisses de Sofia a déclenché chez Graziella la découverte des sentiments cachés de sa fille. La plupart des mères réagissent à cette révélation par de l'étonnement et de la sympathie pour la souffrance de leur enfant, jusqu'alors masquée par le symptôme et par l'agacement réciproque. Souvent, la compréhension du problème de *l'enfant* et la résolution de ses symptômes cèdent la place à l'expression des problèmes de la *mère*. En voici l'illustration.

La complainte des mères

« C'est une fille qui ne peut pas rester tranquille. C'est assez intensif, une journée avec elle. Et puis, quand elle se met à faire ses crises, moi, je suis hors de moi aussi. C'est épuisant, quoi. Tout le temps il faut dire non. Avec les enfants, il y a toujours quelque chose. Depuis qu'on les a, il y a toujours quelque chose. On n'est jamais tranquille, ça fait du souci. Elle fait caca maintenant, mais elle m'appelle la nuit. On ne peut pas tout avoir, avec eux. »

Quelque peu déçu par son manque d'enthousiasme face au progrès accompli, je dis à Graziella que, visiblement, je n'ai pas pu lui apporter tout ce qu'elle attendait. Malgré la cessation de la rétention, elle se plaint encore du comportement de Sofia. Je commence à suspecter en elle un besoin de maintenir à tout prix sa revendication de souffrance et de trouver un sujet de plainte permanent en la personne de sa fille, qui la légitime. Peu à peu je vais découvrir que Graziella fait partie de ces mères qui *doivent* souffrir par leurs enfants.

« De toute façon, tout est rapporté à moi. Personne d'autre ne peut la toucher. Moi, un soir, si j'ai envie de sortir, je ne peux pas. Bon, je peux, mais au prix fort : elle pleure toute la nuit. Moi, j'ai l'impression que je suis son esclave. » Le mot est lâché : *esclave* ! Non pas esclave d'un homme, mais d'une enfant, une toute petite enfant. Certes, il y a dans cette description outrancière quelque chose de réaliste. Il est vrai que tous les bébés sont égoïstes, ne pensent qu'à eux, imposant leurs besoins à leurs mères de façon impérieuse. Et la plupart des mères ne pensent qu'à une chose : satisfaire les besoins de ce petit être démuni, entièrement dépendant. Elles se livrent ainsi à leur bébé, persuadées qu'elles sont seules à pouvoir le protéger et le rendre heureux, encourageant ainsi ses demandes de plus en plus pressantes et sacrifiant tout à la seule tâche de lui éviter la moindre frustration. Elles se réveillent plusieurs fois par nuit, se précipitent pour vérifier qu'il respire encore, passent une heure à lui faire déglutir un biberon qu'il refuse. Elles renoncent à leur plaisir pour assurer celui de leur bébé, n'hésitant pas, pour ce petit tyran, à mettre leur vie de couple en sommeil. Même leurs ambitions les plus chères peuvent s'effondrer face à ce goût du sacrifice : dans la tourmente de la maternité, elles iront jusqu'à négliger une carrière professionnelle bien menée. Des études sont interrompues, la vie sociale est réduite au strict minimum.

Combien de fois ai-je vu se dérouler ce scénario, où la jeune femme se persuade que, pour être une bonne mère, elle *doit* renoncer à son accomplissement, à ses projets, à ses plaisirs, en un mot : renoncer à son égoïsme. Et le plus fort, c'est que ces jeunes femmes sont convaincues d'avoir raison, seul le sacrifice leur donnant droit à la maternité. C'est bien cette *légitimation du sacrifice* que Graziella cherche à prouver.

Déchirées de mère en fille

Graziella se plaint de manière répétée que Sofia l'épuise par son attachement excessif. « Elle m'absorbe, il faut qu'elle me laisse un peu respirer ! Pourquoi est-elle aussi accrochée à moi ? Est-ce que tous les enfants font ça avec leur mère ? »

Je l'interroge sur ses rapports avec sa propre mère : n'était-elle pas, elle aussi, attachée à sa mère ? N'avait-elle pas, elle aussi, exigé une disponibilité constante ? N'était-elle pas, elle aussi, égoïste ? À nouveau, Graziella revient sur une image, celle de sa naissance : elle pesait cinq kilos, *elle aussi* avait déchiré sa mère, comme elle a été déchirée par son Luigi. « À votre tour, vous êtes dans la peau d'une mère meurtrie par son enfant », lui dis-je, cherchant à souligner la filiation à sa mère par l'intermédiaire de la souffrance qu'elle doit connaître à son tour pour expier celle infligée à sa mère. C'est comme si Graziella ne pouvait entrer dans le rôle de mère qu'en empruntant l'identité de sa mère, et cette identification se transmet par la souffrance.

Dans les minutes qui ont suivi l'accouchement de Luigi, Graziella a tellement souffert qu'elle a pensé mourir. Aussitôt l'image de sa propre mère s'est imposée à elle et elle a pensé : « La pauvre ! Qu'est-ce qu'elle a dû souffrir. » Plus encore qu'elle, puisque Luigi, lui, ne pesait que quatre kilos cent cinquante. Je souligne alors la similitude : Graziella *devait* souffrir, puisqu'elle avait fait souffrir sa mère. Mais Graziella, cherchant à échapper à sa culpabilité, généralise : « Moi, je pense que toutes les mères souffrent. Un enfant, ça fait mal déjà. Ça donne du travail, des soucis. On a des nuits blanches. Il y a beaucoup de femmes qui sont déprimées, par solitude, d'abord... Puis quand il y a le téléphone qui sonne, un qui pleure, l'autre qui pique une crise, on devient complètement débordée, quoi ! Les nerfs ! Ils sont mis à l'épreuve tous les jours. »

Frappé par ce catalogue de plaintes et par cette vision si pessimiste du rôle maternel, je demande, d'une manière pseudo-naïve : « Alors, pourquoi fait-on des bébés ?

– Eh bien, si on savait ça, on ne ferait jamais d'enfants. Mais il y a un moment où on a envie, et puis on s'en fout de la raison. On est faites comme ça, les femmes. C'est dans notre instinct, c'est notre instinct animal qui sort ! »

L'appel à l'instinct lui paraît indispensable, comment expliquer autrement qu'une femme accepte toutes les souffrances énumérées, les douleurs physiques, les inquiétudes, et jusqu'à cet esclavage impitoyable qui l'empêche de respirer ? Seule une force supérieure, une urgence de la nature, l'instinct *animal* (donc plus fondamental que la raison, qui, elle, est humaine) sont en mesure d'expliquer qu'une femme se soumette, et avec quel élan !, aux souffrances de la maternité. On retrouve souvent ce recours à l'instinct dans les descriptions traditionnelles de la maternité : l'instinct maternel serait calqué sur les conduites innées de nombreux animaux lorsqu'ils nidifient ou s'occupent de leurs petits. On les voit nourrir et soigner leur progéniture avec une adresse apparemment non apprise. Et c'est cette même capacité *innée* qu'on attend des mères : c'est *tout naturellement* qu'elles devraient donner naissance, allaiter, s'occuper de leur bébé. On les veut non seulement compétentes d'emblée, mais aussi entièrement dévouées à l'enfant, et comblées par cet altruisme forcené. Dès lors, rien ne semble plus *contre nature* qu'une mère qui faillit à sa destinée maternelle et qui ne correspond pas à l'image type de la *mère instinctive*. On verra plus loin que l'image de la mère instinctive a été promulguée en partie pour légitimer (et faire accepter) les souffrances et l'abnégation qui accompagnent la maternité.

De fortes pressions culturelles déterminent donc l'image de la mère instinctive et souffrante. Mais pourquoi Graziella y tient-elle tellement ? Pourquoi fait-elle sienne, avec tant de bonne volonté apparente, cette nécessité de souffrance pour définir l'identité de la femme-mère ?

Il faut souffrir pour être pardonnée

À plusieurs reprises, Graziella souligne que beaucoup de femmes souffrent, qu'en fait elle est très gâtée : « D'autres souffrent plus que moi... » Je lui demande si elle pense que sa mère a souffert d'être mère. Graziella se rappelle alors qu'en plus de ses souffrances physiques et de son épuisement avec ses quatre enfants sa mère a fait des dépressions après ses accouchements : « Elle pleurait. Elle était très nerveuse aussi et criait. » Puis elle ajoute : « Moi aussi je crie avec Sofia.

– Et peut-être vous sentiez-vous aussi déprimée, comme votre mère ?

– C'est avec eux [les enfants] que j'ai compris que j'étais comme ma mère. Parfois je crie comme ma mère. Il faut que j'arrête de crier... parce que...

– Parce que *vous avez peur de devenir comme votre mère* qui criait et vous faisait peur. »

Graziella m'explique ensuite que, grâce à ses enfants, elle a appris beaucoup de choses sur elle-même : « Quand on a des problèmes avec les enfants, on apprend beaucoup de choses. Pour moi, les gens qui n'ont pas d'enfants, ils sont toujours au même stade. Sofia m'a appris, avec son problème de caca, qu'elle souffre de la naissance de son frère, qu'elle se fait du souci pour moi. Il y a des couples qui n'ont pas d'enfants ; je les trouve sinistres. Ils mangent, il y a le bruit des fourchettes et des couteaux, le tic-tac de l'horloge, et c'est tout. » C'est en devenant mère que Graziella a « appris » la souffrance qu'avait connue sa mère, et c'est aussi grâce à Sofia qu'elle a pu percevoir la souffrance de sa fille et son inquiétude pour sa mère.

Que de choses se sont nouées à la naissance de Sofia ! La transmission semble alors assurée : la fille deviendra femme en souffrant, comme, avant elle, sa mère et sa grand-mère. Ainsi se transmettent les traditions familiales et les valeurs culturelles.

6

La coupure

Pour Graziella, nous l'avons vu, il faut donc souffrir pour être mère. À présent, tout en poursuivant avec le thème de la maternité, elle aborde un sujet annexe : l'appartenance permanente et définitive de l'enfant à sa mère. « L'enfant, c'est notre chair, ça sort de nous ; même si elle [Sofia] était vendue, ou je ne sais pas quoi, elle serait toujours à moi. Elle fait partie de moi. C'est pour ça qu'on les aime tellement. On est comme ça, on est contradictoire. »

Dans la foulée, elle évoque l'évolution des enfants vers leur indépendance, soulignant que lorsque l'enfant fait quelque chose par lui-même, ou va à l'école, il s'éloigne. Alors que sa mère relève ce contraste entre, d'un côté, l'appartenance permanente de l'enfant à sa mère, et, de l'autre, son aliénation par l'autonomisation progressive, Sofia commence un nouveau jeu : elle prend le couteau en plastique (celui utilisé lors de la dernière séance pour préparer la soupe) et mime à plusieurs reprises le geste d'entailler la jambe de sa mère. Comme Graziella ne réagit pas, je rentre dans le jeu en faisant semblant de pleurer, pour signaler à Sofia l'effet que devrait avoir son geste. Dès qu'elle m'entend, la fillette devient sérieuse. Elle retourne alors le couteau vers son bras, et se met à le couper.

Je fais dire à Sofia (toujours par l'intermédiaire de sa mère) qu'elle préfère se couper elle-même, ou se faire mal en tapant sa tête contre le mur de sa chambre, pour protéger sa mère des coupures ; peut-être se réveille-t-elle la nuit parce qu'elle a peur que quelqu'un coupe sa maman ? Sofia acquiesce. J'ajoute : « Sofia a beaucoup de soucis pour sa maman ; elle a eu très peur pour elle quand le bébé était dans le ventre, et quand il est sorti en lui faisant mal. Maintenant, elle a peur de faire mal, *elle*, à sa maman ; c'est pour ça qu'elle doit aller vérifier la nuit que sa maman va bien. » J'invoque la culpabilité naissante de l'enfant et son besoin de préserver sa mère de sa propre agression.

Il est d'autant plus difficile à Graziella de tolérer tous les caprices de Sofia – ses réveils, son opposition – qu'elle-même ne s'était pas sentie autorisée d'exercer ce genre de pression sur sa mère, qu'elle avait déchirée, puis qu'elle avait vue déprimée et vulnérable. Si elle a toujours maintenu qu'une mère et son enfant ne devraient pas rester seule à seule, c'est qu'elle ressassaient les souffrances qu'une enfant, égoïste par nature, pouvait imposer à sa mère.

Il est donc question ici des souffrances que *l'enfant* impose à sa mère, et du besoin de l'en protéger. C'est ce que symbolise l'épisode de la coupure de la mère par l'enfant. Mais qu'est-ce qui a bien pu inspirer à Sofia ce jeu de la coupure, d'abord dirigé sur sa mère, puis sur elle-même après que, par mes pleurs feints, j'ai donné voix à la souffrance de la victime ?

Le jeune enfant, avant de faire siennes les hypocrisies et les stéréotypes du monde des convenances et des stratégies sociales, nous séduit par sa sincérité, sa spontanéité et sa fraîcheur. Il se livre avec tellement de franchise, on a l'impression d'avoir un accès direct à son âme. C'est cette qualité qui fait de lui un artiste instinctif et un partenaire souvent enthousiasmant pour le psychothérapeute. Sofia m'a si vite et si profondément permis d'accéder à son monde subjectif que je la considère comme une précieuse alliée pour traiter son problème.

Donc, pourquoi Sofia avait-elle soudainement entrepris de jouer à couper sa mère ? Comme toujours, un tel geste, hautement symbolique, revêt plusieurs niveaux d'interprétation.

Depuis le début de cette deuxième série de thérapie, le thème de la déchirure corporelle et de la coupure a été amplement représenté. D'entrée, Graziella avait pensé à une fissure anale pour expliquer les douleurs de Sofia à la défécation. Dans le même mouvement, elle avait évoqué – avec beaucoup d'emphase et de sentiments – sa déchirure à la naissance de Luigi, et celle de sa mère à sa propre naissance. Et quand Graziella avait raconté les douleurs de l'accouchement, Sofia avait spontanément énoncé : « Le couteau, ça fait mal. » J'en avais profité pour dire à Sofia (par mère interposée) qu'elle avait dû avoir peur que sa mère ait eu mal à la naissance de Luigi, ce que la petite avait confirmé en soulignant que, elle aussi, elle avait mal au ventre. Douleur et déchirure devenaient synonymes, et le responsable en était toujours le bébé.

À la fin de la première séance, Sofia avait réussi à surmonter sa réticence à toucher sa mère en plongeant la main dans son corsage, en prononçant le mot « chaud » qui signifiait, nous l'avons vu, qu'elle bravait un interdit. *Toucher* était ressenti comme dommageable, aussi bien par Graziella (qui n'ose pas toucher le derrière de sa fille, et qui a déchiré sa mère lors de sa naissance) que par Sofia (qui craint les effets de son couteau sur le corps maternel).

Or d'où venait cet interdit, sinon de sa perception

que le corps de sa mère serait menacé par ses attouchements, ceux-ci n'étant pas forcément le fait du désir amoureux, mais témoignant aussi parfois d'un désir hostile ? Ce sein l'avait trompée, lui ayant été retiré pour mieux gratifier son rival, Luigi. En voyant sa mère allaiter, elle avait éprouvé un ressentiment qu'elle ne pouvait afficher, l'attaque du corps de sa mère menaçant l'objet même de son amour. Rien n'est plus interdit que d'endommager le corps maternel, et cet interdit engendre des inhibitions de gestes agressifs et, parfois, de tout contact.

En jouant à couper sa mère, Sofia prouve qu'elle a enfin repris confiance dans leurs échanges. Elle n'évite plus le contact. La réaction positive de Graziella à son geste l'avait rassurée. Désormais, elle aussi – comme Luigi – avait le droit de toucher sa mère, et à présent, elle teste la permissivité de celle-ci à l'égard d'une autre forme de contact : l'agressivité simulée.

Cet échange ludique a lieu alors que Graziella vient de disserter longuement sur la nécessaire souffrance maternelle infligée par les enfants. Sofia en aurait-elle compris le sens ? S'aligne-t-elle dès lors sur cette version de l'identité maternelle ? Se croit-elle autorisée, voire *obligée*, de valider la théorie de sa mère en lui infligeant, de ses propres mains, la souffrance revendiquée ?

Ce type de correspondance entre une théorie prisée par la mère et sa reprise chez le très jeune enfant peut surprendre : un enfant de cet âge est-il vraiment à même de comprendre des théories aussi complexes et y ajouter sa contribution ? Mon expérience confirme l'existence de cette intelligence particulière des petits enfants pour les besoins psychologiques cachés de leurs parents.

On peut aussi se dire choqué qu'une enfant de deux

ans soit ainsi façonnée par les fantasmes de sa mère, surtout s'ils sont masochistes et que le rôle sadique est dévolu à l'enfant. On a peine à accepter qu'une fillette si jeune n'aie pas la liberté de se soustraire au rôle qui lui est imposé, et doive s'accommoder de cette image de maternité souffrante, ou d'autres théories parentales aux influences plus nocives encore. Mais n'oublions pas que les parents ne transmettent pas *uniquement* leurs névroses à leurs enfants. Ils leur inculquent également leurs valeurs les plus chères, leur goût de la vie et, surtout, leur capacité à aimer l'enfant. C'est ce mélange hétéroclite qui fait le terreau qui va nourrir sa personnalité. S'il est évident qu'en jouant à couper sa mère Sofia reprend à son compte la théorie voulant que l'enfant fasse souffrir sa mère et entérine l'équation naissance = déchirure, la petite fille apporte aussi la preuve qu'elle a appris à protéger sa mère, et que, en amour, le souci de la préservation de l'autre est fondamental. C'est ce qu'elle montre lorsque, après ma réaction, elle dirige le couteau vers son bras. Cette fillette de deux ans est déjà aux prises avec le poids de la culpabilité et capable de retourner son agressivité contre elle-même dans le souci de préserver sa mère. À l'évidence, les sentiments humains les plus complexes sont très précoces.

La différence des sexes

À la fin de cette deuxième séance, Sofia se coiffe d'un chapeau, le posant comme un couvre-chef de garçon. D'après Graziella, sa fille a souvent des attitudes de garçon. Je me rappelle alors que, lors de la séance précédente, Sofia avait joué un long moment avec des camions et elle avait eu un regard admiratif quand j'avais allumé ma cigarette. Graziella, visiblement préoccupée par le problème de l'identité sexuelle, poursuit : « Oui, parfois j'ai l'impression que je suis devant un garçon. Quand je vais au parc, je trouve que les filles obéissent, les garçons pas. Quand on dit aux enfants : " tu ne touches pas ça ", les filles, en général, elles obéissent. Elle, elle est avec les garçons et elle continue à toucher. »

Je me souviens que Sofia s'était permise de toucher les seins de sa mère, alors que Graziella, enfant, ne s'était pas autorisée à imposer ses exigences à sa mère, de peur de la surcharger. Je me dis alors que si elle divise filles et garçons selon qu'ils obéissent ou se révoltent, c'est que, peut-être, elle a été *contrainte* d'être une *fille obéissante* pour assurer la protection de sa mère et lui épargner les familiarités capricieuses dont a fait preuve Sofia en se permettant de toucher ses seins. Je demande à Graziella si, petite, elle avait déjà perçu cette division garçon-fille en termes d'obéissance. « Chez nous, c'était comme ça. Moi, je devais débarrasser la table, mais mon frère, s'il ne voulait pas... c'est un homme, voyons ! Moi, je devais faire mon lit, mais mon frère, s'il ne voulait pas, il ne le faisait pas. Et c'est pour ça qu'après, quand ils se marient, ça continue. Et c'est pour ça qu'il faut que tous les gens meurent et naissent à nouveau pour rayer tout cela. » Voilà une solution bien radicale, me dis-je. N'y aurait-il que l'éradication totale des gens adhérant à cette idéologie machiste pour changer les mentalités ? Si Graziella a fait ainsi appel à la mort face aux sentiments que lui inspirent l'inégalité des sexes, c'est bien que de profondes humiliations ont imprimé leur marque en elle.

Je lui demande alors si, enfant, elle avait souhaité être un garçon. « Je trouve qu'ils [les garçons] ont peut-être la vie plus facile. Parfois j'y avais songé, oui, parce qu'ils sont favorisés par rapport à nous. Mais justement hier soir, j'ai parlé avec la dame qui s'occupe des enfants et je lui ai dit : C'est [Sofia] plutôt un garçon qu'une fille parfois. » Insensiblement, Graziella est passée de son désir, autrefois, d'être garçon à celui, aujourd'hui, de voir Sofia comme un garçon. Une fois de plus, on retrouve sur l'enfant l'empreinte des désirs enfouis de la mère. Mais on peut comprendre que Graziella veuille voir sa fille en garçon puisque, pour elle, les privilèges du pouvoir sont réservés à ces derniers et que, de surcroît, les attributs essentiels de la femme sont la soumission (l'obéissance), la souffrance et la déchirure. Imaginer Sofia en garçon revient à la protéger contre ces humiliations.

Face à ce désir de faire de Sofia son contraire (un garçon qui s'affirme et ne se soumet pas aux interdits), peut-être Graziella a-t-elle accueilli avec un secret soulagement les marques d'opposition et d'entêtement de sa fille, qu'il s'agisse de son attitude rebelle ou de son obstination lorsqu'elle retenait ses selles. Pour elle, ces manifestations, si pénibles fussent-elles, l'assuraient d'épargner à sa fille la destinée de soumission et de souffrance qu'elle avait faite sienne.

In petto, je m'interroge : l'accentuation, dans le récit de Graziella comme dans le jeu de Sofia, du thème de la déchirure et de la coupure, ne révélait-elle pas un fantasme plus profond chez Graziella : la femme serait *coupée* des privilèges attribués à l'homme, comme elle se sentirait privée de l'attribut anatomique qui caractérise la masculinité ?

Ce thème du fantasme de la femme châtrée – comparée à l'homme – est aujourd'hui impopulaire, ressenti comme une illustration, dans la théorie psychanalytique, du préjugé patriarcal de la supériorité masculine.

On pourrait très bien soutenir qu'en s'affiliant à cette théorie Graziella ne fait que prouver la pénétration d'une telle idéologie dans le tréfonds de l'âme féminine, et que, à son insu, elle s'en fait le porte-parole. Il n'empêche que, dans la réalité psychique de cette femme, l'homme est perçu comme privilégié et la femme comme blessée et soumise ; et c'est cette dichotomie qu'elle transmet à sa fille.

Les femmes se seraient-elles faites les complices d'une vision du monde qui les pénalise ? Ne sont-elles pas les premières à maintenir cette tradition d'infériorité féminine en l'inculquant subtilement à leur descendance ?

Nous verrons dans un prochain chapitre que *tous* les gestes, *toutes* les attitudes des mères et des pères (et des éducateurs professionnels et des pédagogues que sont les médecins et même les journalistes et les hommes politiques dans leurs prises de positions officielles), au cours des échanges nombreux et quotidiens avec leurs enfants, sont chargés d'intentions éducatives et véhiculent, de manière non consciente, des idéologies très pénétrantes. Un geste, un regard, une façon de donner le biberon, peuvent communiquer des directives subtiles et définir ce que doit être un garçon ou une fille, l'importance de se soumettre ou de se révolter, la nécessité de rester attaché ou de prendre son indépendance.

On peut donc imaginer que Graziella a « endoctriné » Sofia pour lui faire partager sa vision du monde, l'encourager à suivre les idéaux qu'elle admire et à fuir les situations qui l'angoissent. Ce qu'il y a de déroutant, pourtant, c'est qu'elle lui envoie des messages en apparence contradictoires : elle l'expose à une image de la femme soumise et devant souffrir, mais, en même temps, elle paraît, de manière plus subtile, soutenir la révolte de sa fille. D'un côté, elle l'enjoint à se soumettre à la tradition de la femme souffrante, de l'autre elle revendique, à travers sa fille, le droit à la rébellion. Ce double message, portant la contradiction en son sein, a probablement été perçu par Sofia, qui s'efforce de l'intégrer dans ses choix et dans ses luttes. Et cela ne va pas sans difficultés, puisqu'elle est censée se révolter contre un statut – souffrance et soumission – qu'elle est sommée d'accepter.

La guerre des sexes, ce n'est pas de la poésie !

À défaut d'une réussite littéraire, celui qui se sent une âme de poète peut toujours s'essayer à la psychothérapie ! Le discours des patients, en effet, revêt souvent une dimension poétique par le biais des images qu'ils évoquent ; ils résument de façon remarquable les vérités les plus profondes de la vie. Sofia m'en avait déjà donné la preuve en créant un objet composite symbolisant sa vision de la condition féminine et par la rencontre inopinée entre un geste (toucher les seins de sa mère) et un mot (chaud). Personne d'autre qu'elle n'aurait pu imaginer cette coïncidence. Cela me fait penser à un tableau de Magritte, où sont unis une image (une pipe) et un groupe de mots (« cela n'est pas une pipe »). C'est ce côté surréaliste, s'élevant au-dessus des associations consacrées et codifiées entre l'objet et le mot, qui fait souvent des mots d'enfant une forme de création originale, produisant une découverte fulgurante.

En écoutant ces productions, le psychothérapeute a le sentiment d'assister à l'élaboration d'une création poétique à laquelle il peut se joindre en en déchiffrant les sens cachés. Lorsqu'elle évoque sa nostalgie de sa terre natale et décrit les odeurs des arbres, les bruits de la rue et le chant des grillons qui peuplaient ses nuits, on peut dire que Graziella fait preuve d'un réel sens de la poésie.

Je fus dès lors bien surpris quand je l'entendis évoquer la poésie pour la première fois. Elle avait débuté la séance suivante en se plaignant des réveils de Sofia, qui tombaient bien mal puisque Luigi était malade : « Bon, je sais qu'ils ne sont pas malades volontairement, mais... Ça continue ! J'ai remarqué que, depuis qu'il est malade, c'est comme si elle [Sofia] l'aimait un peu plus. Eh oui, parce que je lui met des suppositoires pour la fièvre. Alors je crois qu'elle trouve qu'il est un peu plus comme elle. Elle se dit, il a peut-être moins de privilèges, disons, puisqu'on lui met aussi des choses comme à moi. Depuis qu'il est malade, peut-être qu'elle pense que c'est bien fait pour lui. C'est pas toujours romantique, la vie... C'est pas de la poésie non plus ! »

Elle associe la poésie à des sentiments bien négatifs : désirer la souffrance d'autrui, trouver avantageux qu'on mette des suppositoires à son frère afin de moins jalouser ses privilèges, se sentir enfin égale, parce que le rival est soumis à ces pénétrations humiliantes. C'est ce besoin de revanche égalitaire qui n'est pas poétique ! Graziella ne serait-elle pas en train de me livrer ce qu'elle ressent, *elle*, au fond d'elle-même, comme revendication d'égalité pour effacer son humiliation de femme soumise et souffrante ?

A-t-il fallu que Luigi soit malade, humilié par le rituel des suppositoires pour que Graziella puisse imaginer que sa fille se sente enfin l'égale de son frère ? Une image de l'homme amoindri est-elle nécessaire pour que la femme puisse se sentir son égal ? Il semble que ce soit cette version des relations entre les sexes que Graziella est en train de transmettre à Sofia.

Se débarrasser des hommes

Cette évocation de l'égalité retrouvée par l'abaissement de Luigi nous conduit à aborder la jalousie et la rivalité de Sofia. Là encore, c'est elle qui va faciliter l'expression de ces sentiments en les illustrant par un jeu. Alors que Graziella évoque les réveils nocturnes de sa fille, celle-ci prend une petite voiture, en disant qu'elle voudrait que sa mère monte dedans, puis qu'elle-même aimerait y monter aussi. Veut-elle signifier son désir de retourner dans le ventre de sa mère ? Sofia se montre-t-elle jalouse de Luigi ? Graziella acquiesce : « Quand il pleure, elle pleure aussi. Elle dit qu'elle a mal en se tapant sur la tête. C'est parce qu'elle sait que je suis avec lui. Tant qu'il est un peu effacé de la scène, ça va.

– C'est donc dès que vous vous occupez de lui que ça devient problématique. »

Sur ces mots, Sofia dit à sa mère qu'elle veut que je sorte. Je quitte donc la salle. Pendant mon absence, Sofia installe la poupée-bébé sur les genoux de sa mère, lui donne le biberon, lui caresse la tête... et introduit brutalement son index dans les yeux du bébé. Belle démonstration de son ambivalence : elle voudrait s'arroger les attributs du maternage, mais ne peut s'empêcher d'agir simultanément son désir d'endommager le bébé lorsqu'il est choyé. Dix minutes plus tard, quand je réintègre la salle de consultation, Graziella enchaîne aussitôt : « Et puis elle m'avait déclaré aussi une fois qu'elle allait vous dire qu'elle n'aime pas son frère. » J'enchaîne aussitôt : sans doute Sofia aimerait-elle bien qu'on mette Luigi à la porte, comme elle vient de le faire avec moi ? Ainsi Sofia pourrait retrouver l'exclusivité de son lien à sa mère. Le garçon et l'homme doivent être exclus pour qu'elle puisse regagner le paradis perdu de sa relation à sa mère, un paradis dont elle s'est sentie elle-même exclue quand Graziella l'a mise à la crèche, puis à l'arrivée de Luigi.

C'est ce qu'on appelle un transfert ! La petite Sofia m'a perçu comme un de ces hommes (son frère, son père) qui lui soustraient l'amour exclusif de sa mère. Elle est jalouse de mon ascendant sur Graziella et me voit comme un rival. Elle accroche ainsi sur mon image le ressentiment qu'elle éprouve pour son père et son frère. On peut imaginer que – par un effet de généralisation – elle met tous les hommes dans la catégorie des « voleurs de mère », ces rivaux dont elle doit se débarrasser pour s'assurer la possession exclusive de Graziella. Je suis un homme, je dois donc subir le même sort et, à mon tour, je dois faire l'expérience de l'abandon et de l'exil. Et si Sofia se réveille la nuit, c'est pour appeler sa mère et s'assurer de son intimité tout en excluant père et frère.

On voit bien dans cet épisode que même de très jeunes enfants peuvent créer un transfert, c'est-à-dire transposer sur quelqu'un des sentiments et des désirs qu'ils éprouvent pour une autre personne au sein de leurs familles. La séance de psychothérapie se prête particulièrement bien à la constitution du transfert : le thérapeute ne joue pas le rôle habituel des adultes, qu'il soit éducatif ou affectif ; il reste neutre et favorise l'émergence des intentions cachées et des sentiments enfouis. Il facilite ainsi l'expression d'intentions qui prennent forme sur la personne du thérapeute. Si on parle de jalousie et de rivalité, le thérapeute peut se voir attribuer le rôle de rival, et être réellement ressenti comme tel. C'est ce qui a poussé la petite Sofia, en me faisant sortir, à m'exclure de notre relation à trois, comme elle a cent fois voulu exclure Luigi et son père, ressentis comme ses rivaux dans son désir de posséder sa mère.

Donner la vie non plus, ce n'est pas de la poésie!

L'évocation de la rivalité sœur-frère, si clairement explicitée dans le précédent épisode, autorise Graziella à légitimer sa position de rivalité à l'égard des hommes en général. Comment argumente-t-elle sa revendication? Tout d'abord, elle revient sur la condition des mères, donnant de nouvelles preuves de leurs souffrances : « La maternité, ce n'est pas que du plaisir. Il y a toujours le retour de la monnaie; souffrir, ça fait partie de la maternité. On souffre quand ils ont mal. À partir du moment où on les a, jusqu'à ce que nous, on meurt, on a une raison, plus ou moins grande, pour être inquiète. Et puis accoucher, ça ne se passe pas comme ça. On n'ouvre pas le robinet et puis ça sort. Pour donner la vie, ce n'est pas non plus de la poésie, hein! »

On retrouve l'évocation de la poésie, à nouveau définie par son contraire, comme si Graziella cherchait ainsi à exprimer un désenchantement concernant la maternité. Pour Graziella, faire un enfant ne correspond pas à l'image d'Épinal poétique et habituelle du rôle de la mère. Non, ce ne sont pas que beaux sentiments, amour absolu, sacrifice consenti et tendresse sans mélange. Mettre un bébé au monde est autrement plus prosaïque et moins facile que d'ouvrir un robinet. On peut se demander si cette métaphore sanitaire ne renvoie pas à nouveau aux privilèges et facilités des hommes, dont l'outillage anatomique (le « robinet ») les prémunit contre les douleurs de l'enfantement.

Graziella porte un jugement de plus en plus radical

sur la condition maternelle : c'est une souffrance pour la vie; on ne peut plus y échapper. L'arrivée d'un enfant installe définitivement sa mère dans l'expectative angoissée. Et pour elle, ce *retour de la monnaie*, ces représailles incontournables sont une constituante *normale* de la maternité. Elle fait donc sienne une forme de malédiction intrinsèque à la condition maternelle, en la présentant comme une punition attendue, inévitable. « La maternité, ce n'est pas que du plaisir. » En fait, à l'entendre, le plaisir d'engendrer compte peu comparé à ce qui le suit, et on en vient à se demander si elle n'accentue pas tant les traits de la souffrance pour mieux masquer le visage lié à ce qu'on nomme « les joies de la maternité ».

Les hommes, maîtres du monde

Pour Graziella, c'est clair : l'envers de la médaille, dont une face serait son asservissement à la douleur, est la vie facile que procure la masculinité. « Je disais toujours, c'est plus facile d'être un garçon. Moi, j'ai dû faire des choses que mes frères n'étaient pas obligés de faire. Pour moi, la différence, c'est ça! Mais je pense que même au nord, il y a des familles comme ça. Moi, j'ai épousé un Scandinave; c'est vrai que, dans la moyenne, ils aident plus la femme.

– Et c'est bien pour éviter cette inégalité que vous avez choisi un mari scandinave...

– Oui, mais il n'y a pas autant de différence que ce que je pensais. Dans les pays scandinaves, c'est pas non plus le cliché qu'on nous a dit, là-bas, au sud. On disait qu'ils mettaient le tablier et puis qu'ils faisaient la cuisine. Ce n'est pas vrai non plus. Là-bas, il y a des gens moches aussi, des gens gros et petits, pas seulement des grands et beaux. Bon, vous, vous diriez que les hommes du Nord, ils peuvent prendre un congé paternel et des petits trucs comme ça, et que c'est bien. Quand on nous dit ça, nous on dit : eh bien, ça c'est génial. Mais en réalité, quand un homme est dans le foyer, c'est pas aussi bien que ça. Les frontières, ça ne change pas beaucoup de choses. »

Encore une désillusion. Quand elle était dans sa Sicile natale, on lui avait fait croire qu'il existait de grands et beaux Vikings qui savaient se mettre à la place de leurs femmes et assumer les tâches domestiques. Mais la réalité quotidienne est tout autre. Même les hommes les mieux intentionnés succombent aux charmes de leurs privilèges ancestraux. Je me demande à quel moment je vais apparaître, moi aussi, sous ce jour défavorable...

Je suis frappé par l'amplitude de la plainte de Graziella et par l'intensité de sa déception face aux hommes. Je me demande comment Graziella a vécu son père, grand absent dans son récit. Je suspecte qu'elle lui en veut, entre autres, de ne pas avoir su protéger sa femme de la solitude et lui épargner les dépressions. Je pense aussi que si l'homme lui apparaît bénéficiant d'autant d'avantages, Graziella n'a pas dû échapper au désir d'être garçon elle-même. « C'est vrai, concède-t-elle, j'y ai pensé. Et beaucoup d'autres femmes aussi. C'est plus facile d'être un homme pour beaucoup de choses. Même les lois sont faites par les hommes. *Tout est fait par les hommes.* »

Puisque les hommes ont tout le pouvoir, il n'est pas étonnant que Graziella ait regretté de ne pas être née garçon. Et maintenant elle encourage subtilement sa fille à s'arroger ce pouvoir tant envié. « Sofia a la force de caractère, disons, d'un garçon, traditionnellement. Les filles, pour moi, elles sont plus dociles, les garçons plus contestataires. Mais ça ne me dérange pas qu'elle soit forte. Moi, je trouve ça bien ! »

Ainsi s'exprime la masculinité tant enviée par Graziella : par procuration. Et c'est à Sofia de réaliser ce contrat. L'opposition, la révolte, que Graziella fustigeait dans l'attitude de Sofia, apparaît dès lors comme le fruit d'une alliance clandestine entre la mère et la fille. Si Graziella a bel et bien inscrit Sofia dans la tradition familiale de souffrance féminine, en même temps, elle l'en protège en encourageant, à son insu, l'opposition de Sofia, qu'elle ressent comme une force, gage de la masculinité « supérieure ».

On peut déjà imaginer la difficulté qu'aura Sofia à intégrer ces courants contradictoires : elle devra prouver qu'elle reste femme par sa fidélité au mythe de la souffrance nécessaire (comme elle l'a déjà démontré avec ses douleurs anales), mais elle devra aussi réfuter cette destinée en affichant un caractère fort, comme celui d'un homme.

Nous sommes tous pétris de telles contradictions : à chacun de nous d'y trouver une issue honorable. Mais ne pourrait-on soulager Sofia du poids de ces conflits si on en dégageait les contours, inconscients jusqu'alors, déterminés autant par les revendications de Graziella que par la propre nature de Sofia ?

Un homme peut-il comprendre une femme ?

Au fur et à mesure que Graziella dévide sa pelote, je vois diminuer le capital d'estime dont je m'étais senti investi au début de nos contacts. Comment puis-je encore prétendre obtenir son écoute, alors que le crédit des hommes s'effrite au gré de ses révélations ? Bien que Graziella me parle sur le ton le plus aimable, sans acrimonie et usant d'arguments obéissant toujours à la logique et au bon sens, je m'étonne qu'elle ne m'ait pas encore épinglé dans la galerie des hommes « privilégiés », des « exploiteurs ».

Elle a tellement insisté sur la souffrance des femmes, en contraste avec la vie facile des hommes, que j'en arrive peu à peu à me sentir presque coupable d'être un homme, paisiblement assis à l'écoute de ses doléances. Insensiblement, Graziella est passée d'un couplet où elle mettait en valeur le sacrifice nécessaire des femmes à une attitude plus accusatrice, se rapprochant du discours féministe classique. L'asymétrie entre les sexes se trouve encore accentuée par le fait qu'elle vient en patiente (ce qui signifie, étymologiquement, « souffrante ») à la rencontre d'un homme expert en son domaine, dont la pratique même le place en position de supériorité. Comment pourrait-elle dès lors tirer un quelconque bénéfice de l'exercice de mon savoir ? Comment pourrait-elle ne pas ressentir le besoin de dénigrer ce que j'ai à lui offrir, puisqu'elle doit le vivre comme l'émanation de ma « supériorité », conférée par ma position ?

Graziella, en effet, n'a pas tardé à me faire connaître mes limites : « Moi, je pense aux femmes qui restent seules toute la journée avec deux ou trois gamins, en faisant ça toute la journée, tous les jours. On peut devenir déprimée, et puis, quand il fait mauvais, qu'il pleut, on ne peut pas sortir. Il y a un grand pourcentage de femmes qui sont déprimées. » Puis, évoquant une fois de plus les douleurs de l'enfantement, elle interrompt soudain son discours, me regarde droit dans le yeux et lâche : « Vous, les hommes, *vous ne pouvez pas vous rendre compte...* Mais je ne vous en veux pas, les hommes ! »

Me voilà disqualifié, au niveau de l'essence même de

mon travail, c'est-à-dire la compréhension d'autrui. Graziella évalue les limites de ma compétence selon mon appartenance au sexe masculin. Je suis homme, un monde se trouve donc à jamais fermé à mon entendement. Aucune chance que je puisse appréhender par empathie l'expérience d'une mère. Nous sommes deux espèces différentes et rien ne me permettra de partager l'expérience intime de Graziella, ou de tout autre mère. Mon tour est venu d'être exclu : mon identité de genre m'interdit l'accès au monde secret de la souffrance féminine, brandie tel l'étendard d'une singularité revendiquée comme impénétrable pour l'homme. Freud déjà, près de un siècle plus tôt, avouait son impuissance devant ce mystère : « Mais que désire la femme ? »

En psychothérapie et en psychanalyse, la question de l'harmonisation entre les problèmes d'un ou d'une patiente avec le sexe d'un ou d'une thérapeute se pose souvent. Pour traiter certains problèmes, surtout ceux liés à l'histoire du patient dans ses relations à sa mère et à son père, il est préférable de choisir un thérapeute du sexe qui provoque le moins de conflit pour le patient. Mais, au-delà de cette limitation particulière, les psychothérapeutes considèrent qu'ils ont suffisamment bien assumé la part de l'autre sexe en eux (et cela grâce à leur analyse personnelle) pour être en mesure de comprendre des patients du sexe opposé. Il est souvent difficile de faire face de manière sereine aux conflits créés par une attitude sexiste trop radicale de la part du patient dans sa relation avec le thérapeute. De ce fait, une militante féministe n'irait pas voir un thérapeute homme, et un homme très machiste rendrait sa thérapie avec une femme très difficile. Dans la mesure du possible, on s'efforcera donc d'harmoniser le sexe du thérapeute à la problématique particulière liée au sexe du sujet.

Dieu est une femme

J'ai mesuré la limite de mon pouvoir thérapeutique avec Graziella quand elle m'a parlé de son soulagement à l'arrivée de son aide de maison italienne. Dès la fin de sa grossesse, elle avait décidé de chercher quelqu'un pour l'aider, et sa mère l'y avait vivement incitée. Elle avait donc eu la chance de trouver une concitoyenne, expérimentée dans l'art maternel, et sensiblement plus âgée qu'elle. « Je suis gâtée de pouvoir compter sur une aide comme ça. Tout le monde devrait avoir ça. Autrefois c'était normal, quelqu'un du voisinage passait, aidait un peu, faisait les courses. Maintenant, c'est un privilège d'avoir une dame. Le fait de l'avoir, ça aide énormément. Sincèrement, je vois Dieu quand elle arrive ! » Comparé à cette aide divine, je devais revoir mon pouvoir thérapeutique à la baisse !

Ce n'était certes pas la première fois qu'une patiente me faisait comprendre que le vrai pouvoir était du côté de la mère, et qu'elle ne pouvait concevoir d'être guérie par moi que si elle pouvait me conférer un rôle de femme. Je n'étais pas non plus le premier à devoir considérer que l'expression la plus élevée du pouvoir devait qualifier une femme plutôt qu'un homme.

Les religions anciennes accordaient autant de pouvoir, et souvent même la préséance, aux divinités féminines. Les Egyptiens, puis les Grecs et les Romains, ainsi que la tradition religieuse hindoue ont toujours montré le plus grand respect à l'égard de leurs déesses. Dans les trois grandes religions monothéistes (juive, chrétienne et musulmane), la femme est réduite à une position inférieure.

Certains artistes et écrivains ont reconnu la part féminine dans l'idée de déité. Jules Michelet explique bien la genèse, chez l'enfant, de l'idée de divinité associée à la puissance absolue qu'il attribue à sa mère : « C'est la mère seule qui l'occupe cette puissance. Que doit-il éprouver quand de son petit lit il la regarde, la suit de l'œil, et la voit aller et venir pour lui, toujours pour lui, cette adorable fée ? Que son petit cœur est plein d'elle ! Dans quel enchantement étrange ! Si jamais sur terre il y eut une religion, c'est bien ici, et à un tel degré que rien, rien de pareil ne reviendra jamais. Elle ne peut pas s'en défendre. Ce n'est pas sa faute. Elle est Dieu (21). »

Michelet décrit là ce qui, des décennies plus tard, allait devenir un thème fondamental de la psychanalyse, à savoir la toute-puissance dont le bébé investit sa mère, dispensatrice des plus intenses gratifications comme des plus grandes frustrations. On est alors en droit de se demander si la soumission dans laquelle est maintenue la femme dans tant de cultures, et à travers tant de siècles, ne reflète pas une secrète conscience chez l'homme de la puissance supérieure de la première femme qu'ils ont tous connue.

La mère, toujours

Derrière l'évocation de la dame italienne que Graziella associe à Dieu, se cache bien sûr, dans sa version idéalisée, le visage de sa mère. Cette prise de conscience va entraîner Graziella à renouer, cette fois de manière moins coupable et angoissée, avec une image positive de sa mère.

Elle l'a revue longuement après la naissance de Luigi. Au moment de l'accouchement, sa mère séjournait chez elle ; grâce à sa présence, Graziella s'est remise très vite de l'accouchement. Sa mère l'avait avertie de l'éventualité d'une petite dépression après la naissance, et Graziella lui est très reconnaissante de l'avoir poussée à chercher quelqu'un pour l'aider. Tout au long de leurs conversations, elle a pu mesurer la sagesse accumulée par sa mère. Cette nouvelle image maternelle l'a aidée à estomper celle, si inquiétante, de la mère déchirée et déprimée, asservie par ses enfants, et devenue son archétype, son modèle de la maternité souffrante. Elle a enfin pu reconnaître que sa mère lui manquait toujours, et cette prise de conscience lui a permis de se dégager de son inquiétude au sujet de la rétention de selles de Sofia. Espérons que Graziella a ainsi rompu avec une tradition de souffrance dans laquelle Sofia commençait à s'intégrer.

7

De bébé à femme

Souvent, au cours des consultations avec des parents et de jeunes enfants, surgissent des questions relatives à l'éducation. Par exemple : « Doit-on céder aux cris de l'enfant au milieu de la nuit ? » ; « Faut-il être sévère face à ses caprices ? » ; « Faut-il le forcer à manger ? »

Dans la majorité des cas, ces questions concernent l'exercice de l'autorité des parents. Ceux-ci craignent de brusquer l'enfant, voire de le traumatiser. Nous verrons qu'il s'agit d'une réaction « anti-autoritaire » à la mauvaise presse dont pâtit l'éducation disciplinaire traditionnelle, souvent considérée comme source de problèmes psychologiques.

Telles qu'elles sont posées, ces questions montrent bien qu'une des dimensions fondamentales de ce qu'on appelle l'éducation repose sur l'inégalité de pouvoir entre ceux qui la prodiguent (les parents) et ceux qui la subissent (les bébés). D'un côté il y a le parent, muni de valeurs et d'idéaux, membre d'une communauté sociale, et de l'autre, il y a cet être vierge de culture et considéré comme sans contrôle de soi. Tous les parents cherchent à encadrer leur enfant et à lui transmettre un code de conduite. Ils peuvent alors compter sur la bonne volonté d'un allié précieux : le bébé lui-même, très réceptif aux messages de ses parents. Il a tellement besoin de l'amour de ses parents qu'il est prêt à tout entreprendre pour s'assurer cette affection. Dès lors le pouvoir des parents est considérable. Détenteurs de ce qui peut soit gratifier, soit priver leur bébé, ils sont perçus comme tout-puissants par ce dernier. Le regard qu'ils portent sur les choses importantes de la vie sera d'emblée la norme pour l'enfant : leurs goûts seront sa loi, leurs désirs seront des ordres. Il n'est guère étonnant alors que, investis d'une telle puissance, les parents s'interrogent sur l'opportunité de l'employer. Et il n'est pas étonnant non plus que toutes leurs attitudes influencent fortement l'enfant, endiguant ses pulsions, refrénant ses tendances et contraignant ses choix.

Les parents transmettent leur idée de l'homme, de la société, de la culture, au cours de la multitude d'échanges qu'ils instaurent avec leur bébé quand ils négocient des situations quotidiennes telles que la prise de nourriture, le coucher, les marques d'affection. À chacune de ces interrelations, une intention puissante, voire contraignante, est inconsciemment transmise par les parents. L'enfant est tenu d'y réagir, soit en acceptant et en intériorisant le message, soit en l'accommodant à sa façon, soit encore en le refusant. Cela donne lieu à mille négociations, conflits et arrangements, et bien souvent, c'est de ces rencontres plus ou moins heureuses entre les intentionnalités croisées des parents et de l'enfant que vont naître les occasions de consultation.

Le mythe de Pygmalion

L'éducation d'un enfant correspond à l'un des plus vieux rêves de l'humanité, incarné par le mythe de Pygmalion [1]. Ce rêve consiste à transformer un être vierge (une statue) en une personne à l'identité façonnée par l'auteur de cette mutation. L'attrait de ce projet de transmutation est considérable : il hisse le parent au niveau de Dieu soufflant sur la glaise pour créer l'homme à son image. C'est un fantasme de toute-puissance. À partir d'un être malléable, on cherche à reproduire le modèle idéal.

Ce projet éducatif peut donc être décrit comme une création. Les parents sculptent la personnalité de leur enfant, elle est leur œuvre. Une des plus belles représentations plastiques de ce fantasme de transformation est la suite d'ébauches, des esclaves ou des prisonniers, que Michel-Ange avait travaillées pour la réalisation du tombeau du pape Jules II. Des parties du corps et du visage des esclaves émergent de la masse brute du bloc de marbre. Le contraste entre la masse informe et le corps parfait qui se dessine confère à l'ensemble une puissante impression de mouvement. Le corps s'extrait de la matière brute. La dynamique de ce contraste est stupéfiante. Elle est soulignée par la marque des coups de ciseaux, dont l'impact détermine le passage de la pierre amorphe à la forme finie. C'est une métaphore de la maîtrise de l'homme sur la matière, de la culture sur la nature, de la puissance transformatrice de l'art sur la résistance des choses. La métaphore du sculpteur est sans doute celle qui illustre le mieux notre comparaison de l'éducation à l'art.

Cette comparaison a pourtant ses limites : un enfant peut – comme la pierre – résister au projet de transformation (le projet éducatif), mais il ne sera jamais

1. Pygmalion était sculpteur. Il avait créé une statue d'ivoire représentant une femme et la trouva si belle qu'il en tomba amoureux. Aphrodite, émue par cet acte d'amour, donna la vie à la statue.

inerte comme le marbre. Il est capable d'infléchir le projet de ses parents, et même de le contrer. Mais si l'on se place du point de vue du message parental, la puissance de l'intention de transformer la matière brute (le bébé) en un être correspondant à un portrait idéal est bien celle du sculpteur.

La transformation vise un grand nombre d'attributs de la personnalité. Les plus souvent concernés par le projet éducatif des parents sont l'affirmation de la volonté, le désir d'obtenir satisfaction et les revendications de voir ces désirs exaucés. On parle alors de « caprices », et il s'agit donc de ne pas y céder.

Mais bien d'autres domaines sont « pris en main » dans le cadre de ce travail de civilisation de l'enfant. L'agressivité doit être canalisée, la rage contenue, l'égoïsme réprimé. Les manières de manger, de dormir et d'éliminer les contenus corporels sont inculquées très tôt. Les marques d'affection aussi doivent suivre le code familial. Toutes les facettes du caractère sont potentiellement éducables. Chaque culture définit les objets de la transformation et les buts à atteindre. Le système éducatif est ainsi employé comme le véhicule de la transmission de caractéristiques qui contribueront à une cohésion de groupe. Au Japon, par exemple, une véritable charte de devoirs était affichée dans les écoles lors de la période de réforme (vers 1870, période Meiji) ; le système éducatif devenait le vecteur de l'idéologie régnante, assurant respect pour l'Empereur et cohésion nationale (13). Dans les démocraties occidentales, si ces réglementations sont moins explicites, elles demeurent contraignantes.

La réglementation de la féminité

Un des domaines les plus fermement réglementés par les familles est le développement de l'*identité de genre*, c'est-à-dire des caractéristiques définissant l'appartenance à un sexe.

Toute société détermine de façon stricte les spécificités de chaque sexe. Elles peuvent varier considérablement d'une culture à l'autre, comme l'avait démontré l'anthropologue américaine, Margaret Mead (19) : dans une culture donnée, l'homme se devait d'être fort, voire violent – on parlerait aujourd'hui de société machiste –, alors qu'ailleurs l'homme, jamais agressif, était au contraire caractérisé par sa grande douceur. Les travaux de Margaret Mead eurent un retentissement considérable, confirmant l'idée que c'est la culture qui détermine et façonne les comportements liés au sexe. Ses écrits jouèrent un rôle prépondérant dans une vision constructiviste des identités sexuelles : « Les différences typiques entre les sexes sont [...] des créations culturelles, auxquelles chaque génération, mâle et femelle, est entraînée à se conformer. » On deviendrait donc femme par l'apprentissage de conduites définies par le groupe social.

Ce point de vue imprégna fortement le féminisme, parce qu'il affaiblit le rôle du déterminisme biologique (les chromosomes, les hormones, etc.) et présente la féminité comme une *construction socioculturelle*. Dans cette approche *constructiviste*, ce que l'on considérait jusqu'alors comme des spécificités innées apparaissent désormais comme des valeurs et des opinions culturelles. L'aphorisme qui a longtemps déterminé la représentation qu'on avait de la femme et qui se résumait par *Tota mulier in utero* – « Toute la femme se résume à sa fonction utérine » – se trouve « déconstruit » par l'analyse socioculturelle. Cette représentation de la femme ne serait en fait que l'effet des idéologies prédominantes dans les périodes prémodernes ; il n'y aurait donc pas de caractéristiques *intrinsèques* de la condition féminine ; la femme ne serait pas une entité irréductible, mais le fruit d'une fabrication progressive. De même on peut défaire le lien qui unissait maternité et biologie [1].

Comme toute théorie, celle-ci a bien sûr ses limites et peut être réfutée. L'étude de plus en plus poussée de la génétique moléculaire montrera peut-être que certaines caractéristiques féminines et masculines, même au niveau du comportement ou des émotions, sont prédéterminées par un étayage génétique biologique. Mais les féministes les plus radicales veulent purger le féminin de tout déterminisme biologique qui scellerait à jamais sa destinée. Rien ne leur est plus inacceptable que l'adage : « L'anatomie est la destinée [2]. »

Certes, ce point de vue « constructiviste » est partial. Il s'est développé dans un contexte culturel de militantisme et de lutte. Il n'en reste pas moins qu'il imprime un dynamisme aux conceptualisations de la formation des personnalités. Aussi cette théorie se révèle-t-elle très utile pour notre recherche des facteurs intrafamiliaux responsables de la formation d'une identité de genre. Car il s'agit pour nous de débusquer les pressions idéologiques, les mesures éducatives, les gestes quotidiens, même, qui, à l'insu des parties concernées, contribuent à orienter le bébé-fille vers une identité de

1. A. SCHWARTZ, *Taking the Nature out of Women* (29), que l'on pourrait traduire par « purger l'image de la femme de sa définition par la nature ».

2. Cet adage se retrouve dans l'œuvre de Freud qui paraphrasait ainsi une déclaration de Napoléon (13).

femme. Et c'est ce que nous allons tenter de faire dans les trois cas que nous avons décrits.

La transmission des lois

Dans ces trois familles, l'émergence d'un conflit central entre une intention de la mère et la façon dont elle est reçue par l'enfant s'est rapidement révélée. Au fur et à mesure que se déroule la compréhension du monde intérieur de la mère (mais également du père, en particulier dans le cas de Sabrina), on perçoit l'énorme contrainte d'une position parentale très tranchée sur les choses de la vie. Cette pression tient à une (ou plusieurs) idéologie(s) hautement valorisée(s). Elle infléchit les relations à l'enfant, entraînant parfois une réaction de refus, bien compréhensible à nos yeux, mais qui prend la forme d'un symptôme angoissant pour la mère.

Chacune des trois mères que nous avons écoutées a émis des convictions aux allures de préceptes, presque de loi. Elles expriment ainsi la façon dont, selon elles, doit s'organiser une famille, se tisser des liens, et, en somme, se construire une vie acceptable. Bien souvent, ces positions très tranchées vont jusqu'à gérer des comportements aussi fondamentaux que les relations de pouvoir et les rapports hommes-femmes. Si on recueillait des morceaux choisis de leurs déclarations, il y aurait de quoi rédiger un véritable manuel de construction de la vie sociale. En fait, par le biais de ces « préceptes », chacune exprime à sa manière les grands dilemmes qui assaillent chacun d'entre nous, aux prises avec nos problèmes relationnels et d'identité sexuelle.

8

L'éducation de Sofia

Le thème de la mater dolorosa *chez Graziella*

Dans l'éducation que Graziella donne à Sofia, le thème de la soumission souffrante, pierre angulaire de la transmission de l'identité maternelle, apparaît comme la rencontre d'une histoire individuelle et d'une représentation collective héritée de la culture « chrétienne », celle de la mère souffrante. « Avec les enfants, on n'est jamais tranquille... Moi, je pense que toutes les mères souffrent », avait déclaré Graziella. Il semble que cette version de la *mater dolorosa* se soit si bien imprimée en Sofia que, elle aussi, elle s'est sentie contrainte de souffrir dans sa chair en retenant ses selles.

Chez Graziella, l'image de la femme se confond avec celle de la mère, ce qui n'a rien d'étonnant lorsqu'on a baigné dans une culture traditionnelle et méridionale, où la fonction ultime de la femme est représentée par la maternité. L'éducation de la fille va donc s'orienter vers une identité de la femme chevillée à son rôle de mère (d'où, par exemple l'importance d'induire chez la petite fille un intérêt pour les poupées).

Cette représentation de la mère est infiltrée par une série d'attributs, dont le dénominateur commun est la soumission douloureuse à l'enfant, considérée comme partie intégrante de la condition féminine : « On est faites comme ça, nous, les femmes, clame Graziella. C'est notre instinct animal qui sort. »

La persistance des images anciennes

Il peut sembler étonnant que ce thème de la mère souffrante et soumise soit encore fréquemment rencontré. Dans notre société laïcisée, tournée vers l'épanouissement personnel et dont la médecine dispose de techniques analgésiques sophistiquées, cette représentation de la femme condamnée à souffrir aurait dû disparaître. D'après le sociologue, une représentation collective ne subsiste que si elle est utile à la société ; sinon, elle s'efface progressivement. Depuis le militantisme féministe, nous vivons une période de mutation rapide de la représentation de la *femme* et, en principe, nous devrions détecter un changement parallèle dans la représentation traditionnelle de la *mère*. Mais cette mutation est lente et les images collectives ont la vie dure. Nous l'avons vu tout au long de ce livre, les mères sont les gardiennes d'une tradition qu'elles transmettent le plus souvent à leur insu. Des images inconscientes de la mère souffrante persistent et, lorsque la nécessité de souffrir s'impose à la femme comme solution à ses conflits de l'enfance, elles prennent corps dans les comportements maternels.

Précieusement transmises d'une génération à l'autre, ces images se corrigent au fur et à mesure des grands changements sociaux et culturels, comme nous pouvons le constater dans l'évolution actuelle des représentations de la femme. Mais les icônes du passé ont imprimé leur marque dans l'inconscient et, lorsqu'une nécessité psychologique contraint l'individu à s'identifier aux idéaux de ses parents et de ses ancêtres, elles resurgissent.

Le thème de la mère souffrante et soumise apparaît quelque peu jauni, comme une vieille photo retrouvée dans un grenier. Pourtant, elle est encore très vivace chez certaines mères qui, par ailleurs, apparaissent parfaitement adaptées à la vie moderne. La persistance de ces images anciennes est troublante. Elle témoigne d'une grande fidélité à l'héritage culturel commun et du poids de la tendance naturelle à la répétition des représentations inconscientes.

Il est donc intéressant d'analyser la continuité de ce thème dans l'histoire, en particulier dans celle de certains préceptes liés à l'idéologie chrétienne à différentes époques de son évolution. Ni historien ni théologien, je ne me livrerai pas à une « déconstruction » historique systématique de l'image de la mère souffrante. Je m'attacherai plutôt à établir un lien entre des images anciennes, à une époque où elles dominaient, et ce qu'il en reste aujourd'hui, en filigrane, dans les récits de ces mères qui souffrent.

Quand je parle d'idéologie chrétienne, je ne me réfère pas à une vision globale de l'héritage chrétien, bien trop complexe pour être réduit à *une* représentation de la mère. Je ne citerai que les textes – et ils sont nombreux – qui, dans une exégèse liée à une époque ou à un courant, définissaient la mère par le sacrifice et la souffrance.

Histoire des mères souffrantes

> *En mon accouchement, fortifiez mon cœur pour supporter les douleurs qui l'accompagnent, et que je les accepte comme les effets de Votre justice sur notre sexe, pour le péché de la première femme. Qu'en la vue de cette malé-*

> *diction, et de mes propres offenses dans le mariage, je souffre avec joie les plus cruelles tranchées, et que je les joigne aux souffrances de votre fils sur la croix. [...] Je confesse que la concupiscence y a mêlé son venin et qu'elle m'a fait faire des fautes qui vous déplaisent.*
>
> GODEAU, *Instruction et prières chrétiennes*, 1646.

Les douleurs des mères sont le signe infiniment répété de la malédiction divine. Il semble étonnant que tant de femmes, pendant tant de siècles, aient accepté cette représentation d'elles-mêmes : constitutionnellement pécheresses et devant souffrir pour se racheter. Pour que cet archétype se maintienne aussi longtemps, il fallait qu'il corresponde à une certaine réalité. Non pas la réalité de la Femme, mais celle des représentations prédominantes dans la culture chrétienne à des époques données. Nombre de textes anciens témoignent de la puissance de cette définition par la souffrance, devenue une *réalité socioculturelle.*

L'archétype de la mère est, aujourd'hui encore, subtilement imprégnée de la vie de Marie, mère du Christ, et d'une association au sacrifice que connut la Vierge. Bien sûr, les mères qui viennent consulter n'ont pas conscience de perpétuer cette image transmise, à travers les générations, depuis des siècles de culture judéo-chrétienne. La problématique présentée par Graziella permet de comprendre l'articulation entre cet archétype culturel ancien et l'expérience subjective d'une mère d'aujourd'hui. Elle est à la fois le porte-parole d'une devise défendue par des milliers de femmes avant elle et la proie d'une authentique souffrance personnelle.

Les mères saintes

Il existe une longue histoire de femmes qui ont associé leur statut de mère à celui de sainte. On retrouve les exemples les plus outranciers de cette sanctification de la maternité chez une série de femmes illustres au XIVe siècle. À l'époque, l'Église réhabilitait et exaltait l'image de la maternité comme modèle d'union mystique. La souffrance jouait un grand rôle dans ce processus de sanctification. En souffrant pour son enfant, toute mère pouvait s'identifier à Marie, « Mère des larmes », et même au Christ, qui a versé des larmes et souffert sur la croix.

La plus célèbre de ces saintes mères, Brigitte de Suède (morte en 1373), fut canonisée après la mort de son époux. Son livre, *Révélations*, connut un immense succès, et Brigitte devint l'objet d'un véritable culte et un modèle hautement idéalisé, influençant l'image populaire de la maternité. Dorothée de Montau (1347-1384) voulut suivre son exemple en montrant à quel point la maternité pouvait être une voie royale vers la sainteté, du fait même des souffrances qu'elle inflige. Lorsqu'elle mit au monde son premier enfant, Dieu fit apparaître un signe au-dessus de son cœur sous la forme d'une blessure produisant une douleur cuisante pendant l'allaitement. Pour aller plus loin encore dans son identification au Christ souffrant, Dorothée brûla ses bouts de seins avec une bougie pour intensifier la douleur.

Ce sont là des cas extrêmes (1). Ils n'ont plus d'équivalent de nos jours, sinon (très rarement) en hôpital psychiatrique. Mais, à l'époque, ce type de sacrifice inspirait l'admiration et provoquait l'émulation.

La destinée masochiste des mères

Jusqu'au début du XXe siècle, un des messages que l'idéologie chrétienne adressait aux mères était le suivant : elles *devaient* souffrir. C'était une condition pour être « bonne mère ». Pourtant, tout cela a-t-il vraiment changé aujourd'hui ? Cette association n'est-elle pas encore vivace (de manière cachée ou déguisée), peut-être même véhiculée – à leur insu – par les spécialistes de l'éducation ? Ces images créées par les « mères saintes » ont fortement scellé l'alliance entre maternité, sacrifice et douleur. La destinée « masochiste » des mères (une bonne mère devrait trouver son plaisir dans les douleurs de l'enfantement) ne demeure-t-elle pas l'image officielle, acceptée comme donnée de base, et même légitimée par le discours scientifique (la souffrance ferait partie de la physiologie féminine), culturel et religieux ? Les « experts » exhortaient les mères à endosser cette destinée de souffrance : « Ces privations, qui vous paraissent cruelles, se changeront en de pures jouissances », déclarait au début du XIXe siècle un spécialiste de l'allaitement du bébé (32). Il s'agissait bien de convaincre les mères que les sacrifices auxquels elles consentaient devaient être tellement valorisés qu'ils finissaient par devenir source de plaisir.

Au XIXe siècle, cette vision masochiste de la mère (et d'ailleurs aussi de la femme) semble à son apogée. Elle apparaît dans la littérature, dans les écrits religieux et scientifiques. La pénétration et l'insistance de ce thème dans une culture qui connaît simultanément une révolution sociale (liée à l'industrialisation) et un développement impressionnant de la science est surprenante. L'unanimité réunie (en tout cas chez les hommes) autour de l'image souffrante de la femme révèle la nécessité psychologique et sociale du maintien de cette qualification de la femme par le handicap d'une nature la vouant à la souffrance.

> *Élevée par sa beauté, sa poésie, sa vive intuition, sa divination, elle n'est pas moins tenue par la nature dans un servage de faiblesse et de souffrance. [...] Chaque mois la nature l'avertit par la douleur et par une crise pénible la remet aux mains de l'amour. De sorte, qu'en réalité, quinze ou vingt jours sur vingt-huit (on peut dire presque toujours), la femme n'est pas seulement une malade mais une blessée. Elle subit incessamment l'éternelle blessure d'amour.*
>
> MICHELET, *L'Amour* (20).

Cette envolée fait aujourd'hui sourire par son recours simultané au romantisme le plus emphatique et aux préjugés les plus méprisants caractérisant la représentation de la femme.

Cette vision de la femme dotée de dons supérieurs et maudite par une constitution maladive est reprise et exploitée à un autre niveau par les autorités ecclésiastiques : le père Dupanloup [1], grand prédicateur du XIXe siècle, précise dans son traité *De l'éducation* les caractéristiques naturelles (et obligatoires) des mères :

> *Il est évident que la mère est destinée à une souffrance expiatrice et sacrée. Et si, en la voyant, je suis saisi d'une religieuse émotion, c'est que toutes les douleurs les plus cuisantes de la terre sont pour elle. [...] C'est à elle qu'il a été dit « tu enfanteras dans la douleur ». Mais ce n'est pas tout; ses enfants, dont la naissance lui a coûté cher, c'est aussi dans la douleur que le plus souvent, elle les élève.*

On perçoit dans ces lignes l'exhortation faite aux femmes de se soumettre (avec enthousiasme) à cette destinée de souffrance, présentée comme évidente et naturelle.

Le succès de cette image de maternité valorisée par la

1. Cité par KNIBIEHLER et FOUQUET dans *Histoire des mères* (18).

souffrance ne peut être expliqué que par la coïncidence de plusieurs facteurs sociaux, culturels et psychologiques. Sur le plan psychologique, cette image est entretenue par le besoin d'expiation pour soulager une culpabilité inconsciente. Les consultations psychiatriques mettent en évidence le besoin d'autopunition contenu dans les souffrances et les inquiétudes maternelles. Les « fautes » les plus souvent exprimées sont liées à la sexualité de la procréation, mais aussi au sentiment de la mère de dépasser et de « déclasser » ses propres parents dans l'acte de donner la vie, qui satisfait la plus grande des mégalomanies : créer un être humain. Ces différentes formes de culpabilité, liées à la procréation, se retrouvent chez Graziella.

La destinée de souffrance chez Graziella

Quelques mois après la naissance de Luigi, je reçois un appel assez affolé de Graziella : elle est à nouveau enceinte et en proie à toutes sortes d'angoisses. En apprenant sa grossesse, elle a éclaté en sanglots et a immédiatement téléphoné à sa mère : « Je t'annonce une mauvaise nouvelle ! » À quoi sa mère a calmement répondu : « Tu fais comme moi. » Il y a exactement la même différence d'âge entre Graziella et son frère aîné qu'entre Luigi et le bébé à venir. Quelle curieuse identité ! On dirait une imitation, non planifiée bien sûr, mais très exacte de sa mère. Son mari fait le rapprochement : « Tu fais comme ta mère ; tu vas peut-être faire quatre enfants comme elle ! » Graziella s'est sentie réconfortée par l'attitude de sa mère et de son mari. La première lui téléphone très souvent, l'encourageant à garder ce bébé. Le second, fidèle à son habitude, lui est d'un grand soutien et la conforte dans l'idée d'avoir, même si vite, un troisième enfant. Mais Graziella n'est pas pour autant convaincue : « C'est trop près ; j'ai peur d'être étouffée par trois enfants si proches ; ce n'était pas une décision, c'était de la folie..., de l'irrationnel ! »

Elle évoque toutes sortes de dangers dus à cette « folie » : l'enfant sera encore plus gros que Luigi et la déchirera (encore la souffrance !) ; ou bien, elle mourra en couches ; ou sinon, débordée par cette marmaille, elle sombrera dans une profonde dépression, comme sa mère.

Graziella évoque le pire. Elle invoque douleurs, dépression et mort pour mieux occulter un désir irrépressible d'imiter sa mère et de faire un enfant après l'autre. Elle reconnaît d'ailleurs qu'il s'agit là de sa « folie ». À son tour, elle veut créer l'atmosphère d'une table entourée de nombreux enfants. Et c'est là une première cause de sa culpabilité : Graziella veut créer la même famille que sa mère. Elle veut l'égaler, et ce désir, à lui seul, équivaut inconsciemment à une *folie*, une démesure, pour laquelle elle *devra payer* le prix de la souffrance. C'est la toute-puissance de son désir qui l'inquiète : « Nous, les femmes, maintenant on veut tout. On veut avoir un enfant quand on le veut, à la carte. C'est un caprice ; on veut trop. »

Cette démesure du nouveau pouvoir des femmes qui peuvent planifier leur fertilité selon leur bon plaisir donne à Graziella le sentiment coupable d'agir par « caprice ». Autrefois, les femmes se retranchaient derrière la conviction que c'était la nature seule qui déterminait la conception. Désormais, grâce à la contraception, elles sont obligées d'assumer pleinement leur responsabilité dans leur désir de grossesse.

N'est-il pas paradoxal que la maîtrise offerte à la femme sur sa fécondité lui ait donné ce sentiment d'excès de puissance et de culpabilité, et non de liberté ? Avant l'ère de la contraception scientifique, on pouvait comprendre qu'une femme appréhende la grossesse : les pathologies obstétricales et les décès en couches étaient encore fréquents. Et pourtant, aujourd'hui, beaucoup de femmes imaginent encore toutes sortes de catastrophes liées à la grossesse, alors que presque toutes sont maîtrisées par la médecine. Ces craintes ne trahissent-elles pas un fond de culpabilité attaché à l'exercice de la sexualité, à la genèse d'un enfant et à l'accès au statut de parent ?

Chez Graziella, la prévalence du thème de la maternité souffrante est sans doute liée au désir « fou » d'avoir beaucoup d'enfants, comme sa mère. C'est un peu comme si elle percevait son désir de grossesse comme l'effet d'une volonté folle et d'une démesure coupable. Mais, nous allons le voir, un autre désir « interdit » la taraude.

L'utopie androgyne

Graziella décrit Sofia comme un garçon manqué, ce qu'elle trouve très bien, préférant cette attitude virile à l'image d'ongles vernis. Elle revient alors sur un thème esquissé quelques mois plus tôt : les différences entre l'homme et la femme. Elle me rappelle que la dame italienne qui l'aide à la maison est pour elle l'incarnation de Dieu. Puis, après une pause, elle ajoute sur un mode à la fois profond et interrogatif : « Au fond, peut-être que Dieu n'est ni homme ni femme, c'est peut-être un homosexuel ?... » Toujours sur le même ton sérieux, elle m'explique qu'elle a eu des amis homosexuels avec lesquels elle se trouvait bien « parce qu'ils sont un peu femme, un peu homme ». On se souvient que, enfant, elle désirait être « aussi garçon ».

Graziella se met ensuite à développer une théorie un peu folle du devenir idéal de l'humanité : avec les progrès de la civilisation, il n'y aurait plus de famille et, surtout, plus de différences entre les hommes et les femmes. Je suis assez sidéré. Le caractère surréaliste et résolument révolutionnaire de l'utopie me surprend, surtout venant d'une femme élevée dans le respect de la tradition, où la famille reste la valeur la plus sûre. Je suis également surpris que, d'un trait de plume, Graziella raye des concepts aussi fondamentaux que la différence entre les sexes et la répartition des rôles au sein de la famille traditionnelle. Comment une telle conceptualisation, si proche des revendications féministes les plus radicales d'une part et des chimères suggérées par la science des procréations médicalement assistées (où tout serait possible) d'autre part, lui est-elle venue ?

Sa vision des rôles sexuels nous fournit un premier élément de réponse. À l'évidence, si Graziella avait voulu un temps être un garçon, si de surcroît elle pensait que Dieu, symbole de perfection et de toute-puissance, pouvait être homosexuel, c'est qu'elle attribuait plus d'avantages et de valeurs à la bisexualité qu'à une hétérosexualité pure. En cela, elle ne fait que reprendre de nombreux mythes célébrant la bisexualité, révélant tout haut ce que beaucoup de gens pensent tout bas ou inconsciemment : Mieux vaut être soi et son contraire que d'assumer un seul des deux pôles. L'image de la complétude est plus attrayante que celle d'une moitié, ce qui entraîne l'illusion que, à force d'égalisation entre les sexes, on arrivera à créer une humanité androgyne.

Ce désir de complétude est une des aspirations les plus folles des humains jamais contents de leur lot. À vouloir être tout, la démesure rejoint la mégalomanie. Ce désir, comme celui des grossesses à répétition, engendre la culpabilité. Car vouloir être tout, c'est être à soi seul autant que ses deux parents ensemble ; c'est vouloir être homme quand on est femme, et femme quand on est homme. Au lieu de se contenter de *désirer* l'autre moitié, fondement du désir amoureux, on s'imagine *posséder* l'autre, pour ne plus ressentir le manque de l'autre moitié.

Le rêve de l'androgyne est l'extinction du désir et de la brèche qu'il cause en chacun de nous. N'est-ce pas cette mégalomanie qui hante Graziella et la culpabilise ? N'est-ce pas pour se faire pardonner cette idée de grandeur qu'elle brandit comme une bannière la douleur de sa condition de mère et l'angoisse quotidienne qui l'accompagne ?

L'autre moitié des mères

Si on admet que tout être humain se sent privé de son complément, à jamais coupé de son autre moitié, ne peut-on considérer que le désir d'enfant procède du besoin de combler ce manque constitutionnel ? Les femmes ne sont-elles pas prédisposées à considérer leur bébé comme leur complément, leur autre moitié ? La venue d'un bébé ne leur offre-t-elle pas ce que les hommes n'auront jamais, eux qui paradent avec un sexe visible, cet appendice qu'on associe à tous leurs privilèges ? La genèse d'un bébé ne donne-t-elle pas aux femmes une formidable revanche dans leur rivalité avec les hommes, détenteurs du pouvoir octroyé par la culture et de la propriété et du nom ?

Souvent, cette création d'un autre, d'une autre moitié, se mue en une appropriation assurant à la femme un pouvoir qui vient contrebalancer celui de l'homme. Les mères ne sont-elles pas souvent perçues comme dangereuses précisément parce qu'on sent leur velléité de s'arroger le pouvoir par enfant interposé, faisant de lui sa propriété, ou une annexe ?

On ne saurait parvenir à une explication générale de l'association maternité et souffrance sans évoquer la culpabilité dont est potentiellement porteur tout désir d'enfant, du fait qu'il peut symboliser la mégalomanie de la mère et son désir d'identité à l'autre sexe. Pour expier ses fautes, la femme a le loisir de puiser dans un folklore largement répandu dans la culture chrétienne, en reprenant à son compte l'image de la mère souffrante. Si cette analyse est juste, on comprend que l'héritage des mères saintes du XIVe siècle soit encore vivace.

Changer la représentation de la mère

Cette tentative d'explication de l'association maternité-souffrance est essentiellement psychologique. C'est par culpabilité que certaines mères auraient inconsciemment recours à la souffrance, nécessaire à leurs yeux pour obtenir le pardon.

Le discours féministe oppose à cette lecture psychologique des explications plus sociologiques des représentations classiques de la femme et de la mère. L'une d'elles repose sur le besoin qu'auraient les hommes à assurer leur supériorité sur les femmes en les maintenant dans cette image d'infériorité physique et dans le rôle exclusif de maternage. Des auteurs féministes ont déclaré que la mère martyre (25) était retenue dans la « prison de la maternité (16) » et maintenue dans l'oppression par la soumission aux besoins des enfants (24). Or, pour qu'une femme se réalise pleinement, il faudrait qu'elle abandonne sa tendance à

« l'altruisme sacrificiel », comme l'explique une féministe américaine : « La plupart d'entre nous ont rejeté, en devenant féministe, la mère qui se sacrifie sur un mode altruiste et pardonnant toujours comme une martyre inconditionnelle (17). » Le choix des mots de cette citation est révélateur quant aux origines de la valorisation de la « maternité souffrante ». En effet, pour l'auteur, la « déconstruction » de l'image traditionnelle de la mère passe par le rejet de certains termes : sacrifice, altruisme, pardon et martyre, que l'on reconnaîtra vite comme les mots clés du vocabulaire fondamental d'un christianisme militant. Il semble donc que certaines féministes aient compris le poids d'une idéologie exhortant à la souffrance sur l'imagerie populaire de la mère. Leur effort s'est concentré sur une libération de la femme de ces archétypes – conçus comme instruments d'oppression – par l'intermédiaire d'une laïcisation de la maternité.

Toutes les causes d'inégalité entre les sexes ont été combattues par le féminisme : politiques, économiques, sociales. Mais la remise en question des repères traditionnels de la maternité est une des mutations les plus difficiles à effectuer dans notre société, comme le démontre l'histoire de Graziella.

Femmes et représentations de femmes

Depuis les années soixante, nous assistons à une véritable révolution de la condition féminine, et ce à une rapidité telle que, dans l'inconscient collectif, les représentations n'ont pas encore suivi. L'exemple de Graziella illustre bien ce décalage : voici une femme moderne, cultivée, bénéficiant de toutes les avancées de la médecine lui permettant de maîtriser sa fécondité ;

elle a de bonnes notions de psychologie et a entrepris sans hésiter de consulter un psychiatre pour son enfant. Elle a été élevée dans un pays très catholique, certes, mais elle ne pratique plus. Et pourtant... Et pourtant elle adhère à cette représentation archaïque de la femme qui doit souffrir pour être une bonne mère. Et ce, même si, simultanément, elle chérit une utopie révolutionnaire du devenir de la famille : plus de différences entre les sexes, plus de distribution classique des rôles. Quel décalage !

C'est ce que nous enseigne la psychanalyse : un complexe peut en cacher un autre ; une identification peut en recouvrir bien d'autres. Nous sommes des êtres composites, hétérogènes, contraires à nous-mêmes, faits de strates multiples, certaines datant de la préhistoire et d'autres de l'époque postmoderne. Une femme comme Graziella peut abriter à la fois une identification très conservatrice à la « mère souffrante », comme celle de ses ancêtres, et un projet surréaliste et futuriste : un dieu homosexuel.

Les représentations anciennes, anachroniques dans notre culture moderne, peuvent également persister au niveau collectif de manière souterraine, aux côtés des théories les plus modernes, et affirmées avec conviction. Il existe donc une double filiation des idéaux et des représentations du monde. La filiation inconsciente porte la marque de l'histoire, voire de la « préhistoire » du sujet. Ses images trouvent leurs racines dans les archétypes collectifs, dans les ouï-dire de la petite enfance, dans les secrets de famille. Son vocabulaire puise dans les contes d'enfants, et ses souvenirs persistent dans des rêves, des jeux et des activités favorites. Bien souvent, c'est le corps qui porte la marque de ces influences primaires : une façon de manger ou de se tenir et des symptômes psychosomatiques sont les empreintes charnelles de préconceptions relatives au sexe, au pouvoir, au manque et à tout ce qui influence notre vision du monde.

Ces représentations, dont on peut dire qu'elles sont archaïques, sont transmises de manière prégnantes dans le corps à corps de la relation précoce parents-enfant. Elles sont assimilées par le jeune enfant, qui les intègre dans ses propres catégories de pensée, ses émotions et ses pulsions primitives. Elles constituent le fond de ce qu'on appelle l'inconscient ; elles ne se révéleront à la conscience qu'à la faveur de rêves, de symptômes et de fantasmes. Leur tendance à la répétition leur confère une influence profonde et continue sur les idées, les valeurs, le caractère et les projets de vie de chacun.

Mais, progressivement, ces « préconceptions » sont modifiées, revues et augmentées par l'expérience, les rencontres, les phases de la vie et la culture. C'est à cette croisée des influences qu'intervient une seconde filiation des idéaux et des représentations du monde. La culture ambiante impose des représentations de groupe (que ce soit la famille, le groupe social ou religieux, ou la nation) qui infiltrent le monde imaginaire de l'enfant par l'intermédiaire du projet éducatif, de l'école et des pressions sociales. La résultante de ces deux champs de force – dont on a vu qu'ils peuvent être très hétérogènes, voire opposés – élabore des représentations plus ou moins conscientes, des options de vie, des orientations éthiques.

Des idéologies contradictoires peuvent coexister. On peut s'afficher libéral bien que secrètement conservateur, guerrier pour cacher ses faiblesses, pacifiste pour contrer sa violence. Graziella rêve d'un monde qu'elle juge meilleur parce que les femmes y seraient identiques aux hommes ; mais c'est peut-être pour trouver une issue à son identification profonde à une mère dépressive, perçue comme faible et souffrante.

Ce même décalage entre deux idéologies, l'une en harmonie avec la société contemporaine, l'autre étayée sur l'histoire ancienne du sujet, se retrouve au niveau collectif, comme on peut le constater aujourd'hui en ce qui concerne la représentation de la femme. Dans le discours officiel et l'imagerie sociale, elle a évolué vers une libération certaine, cautionnée et matérialisée par des lois (jusqu'à un certain point), mais, au niveau individuel, l'investigation de l'inconscient révèle la persistance de représentations très anciennes, dont l'héritage se manifeste lors de conflits contraignant la femme à recourir à l'autopunition ou à l'expiation, par exemple.

Cette articulation entre la morale privée et celle inspirée par les changements socioculturels se retrouve en chacun de nous. Elle est particulièrement conflictuelle dans le domaine qui nous préoccupe, l'identité de la femme-mère, du fait de la rapidité des changements dans notre société. On peut oser un rapprochement avec la sismologie : pendant des siècles, des plaques tectoniques vivent silencieusement en bon voisinage ; soudain, elles s'articulent sur un mode antagoniste, provoquant ces rencontres fracassantes qui entraînent les séismes. Reprenant cette métaphore, nous pouvons dire que nous nous trouvons à une époque de frottements abrasifs entre les représentations modernes et traditionnelles de la femme. Les secousses sismiques ainsi provoquées sont ressenties dans de nombreuses familles, en particulier par les mères.

Au cours de mes consultations, je suis frappé, chez les femmes, par cette coexistence de modèles opposés. D'un côté, elles se félicitent des bienfaits de la gynécologie moderne, se réjouissent de leur indépendance financière, se passionnent pour leur carrière ; de l'autre, elles abritent en elles les vieux démons d'une culpabilité et d'un sentiment d'infériorité qu'elles partagent avec leurs arrière-grand-mères. Plus les temps changent, et plus c'est pareil. Et pourtant nous sommes à une ère de progrès considérables.

La médecine pour les femmes

Les plus visibles sont les progrès médicaux. Il n'y a plus guère de risques qu'une femme meure en couches. Les douleurs de l'accouchement sont assez bien maîtrisées par l'anesthésie péridurale. Et surtout la femme peut contrôler sa fécondité : depuis l'avènement de la pilule, les femmes ne devraient plus « tomber enceintes » par accident ; par ailleurs, la procréation médicalement assistée permet aujourd'hui à des femmes atteintes de certaines formes de stérilité d'envisager une grossesse. Si l'on considère cette évolution de la médecine, on peut dire qu'une véritable révolution a bouleversé la relation de la femme à son corps. La femme moderne est beaucoup moins soumise aux aléas de son système biologique que ne l'était sa grand-mère. Le corps et son fonctionnement ne peuvent plus autant que par le passé imposer leur loi au vécu et à la conduite de la femme. Nous avons vu qu'il était même devenu anachronique de parler encore d'une quelconque « nature féminine » marquée par un déterminisme biologique de la féminité.

Cette émancipation des soubassements biologiques de la féminité (résumés pendant des siècles par l'adage *Tota mulier in utero*) est considérée par une majorité de féministes comme une condition essentielle de la libération de la femme : le corps féminin faisait d'elle un être fragile, handicapé, et prédéterminé à une fonction essentielle, la maternité. C'est cet aspect contraignant et réducteur imposé par la biologie à l'identité féminine qui génère encore chez beaucoup de femmes un sentiment d'asservissement.

Lorsque Graziella évoque son désir d'être garçon et de créer un ordre nouveau où il n'y aurait ni famille ni différences des sexes, elle ressent la maternité comme un asservissement et son corps de femme comme une limitation. La tentation est alors très forte d'abolir les différences sexuelles ; elle est probablement universelle au niveau de l'inconscient ; on la retrouve dans de nombreux écrits féministes, où l'androgyne est présenté comme un idéal (2).

Un nouveau contrat social

Sur le plan social et juridique aussi, on a pu assister à des changements considérables. Les femmes, pouvant contrôler elles-mêmes les naissances, font moins d'enfants (en 1965, on comptait en Europe 2,5 à 3,2 enfants par femme ; en 1975, ce chiffre est tombé à 1,5 à 2 enfants). Elles sont donc moins bloquées à la maison.

Le taux de divorce, lui, a augmenté, passant de 10 % avant 1965 à 30 % en 1985. Et les comportements ont changé : désormais, ce sont les femmes qui, le plus souvent, en font la demande. En 1985, 73,5 % des demandes en divorce ont été introduites par des femmes, contre 64 % seulement en 1973.

Enfin, les femmes ont fait une entrée massive sur le marché du travail. En 1989, 77 % des Françaises entre 25 et 54 ans ayant un enfant à charge travaillaient.

L'ensemble de ces évolutions sociales ont modifié en profondeur le comportement de la femme, son statut dans la société et à l'intérieur même de la famille. Les États modernes ont d'ailleurs réagi à ces changements proposant de nouveaux textes de loi de la famille, avec, notamment la libéralisation de l'avortement et du divorce. Les lois n'ont plus de prise sur le champ de l'intimité familiale (27) pour laisser la place à l'improvisation de nouveaux modèles de fonctionnement familial. Pour les mères, cette mutation du rôle de la femme et de la famille est parfois difficile à assumer. Elles savent que leur attachement à l'enfant est indispensable à son bon développement. En même temps, elles souhaitent poursuivre leur émancipation et satisfaire leurs ambitions professionnelles. Pour beaucoup, ces deux pôles d'intérêts, ressentis comme profondément antagonistes, restent inconciliables.

C'est pour trouver des solutions à ce conflit que s'est développée la professionnalisation des crèches et des éducatrices de la petite enfance. Les mères peuvent ainsi se décharger d'une partie de leurs tâches éducatives. Mais l'équilibre de ce partage reste difficile à trouver, et on voit s'amorcer peu à peu une tendance qui reconnaîtrait aux femmes la possibilité de se libérer de l'obligation des responsabilités maternelles. Une interprétation extrême de cette libération a été prônée par une féministe américaine qui propose de dissocier totalement le rôle biologique (grossesse et naissance) du rôle de maternage ; on pourrait alors confier à n'importe qui (homme ou femme) la responsabilité d'éduquer l'enfant, afin d'épargner aux femmes « l'asservissement du maternage ». Ainsi, pour S. Ruddick, « celle qui donne naissance ne doit pas nécessairement devenir mère (28) [1] ». On en arriverait alors à un divorce total entre la fonction biologique (la reproduction) et la fonction sociale (le maternage) de la femme.

1. C'est nous qui traduisons.

Cette position, radicale et extrémiste s'il en est, correspond pourtant à une évolution sociale réelle. Aujourd'hui, en effet, un nombre croissant de femmes choisissent de privilégier leur carrière et confient à des professionnels le soin de s'occuper de leurs enfants. Cette évolution traduit bien une érosion du rôle traditionnel et univoque de la Mère. C'en est fini de l'archétype universel de la Mère. Qui, aujourd'hui, oserait encore prétendre, comme les « experts » du passé, que la femme *doit* souffrir pour devenir mère ? Les spécialistes en psychologie de la petite enfance sont contraints de réviser leurs théories sur la relation idéale entre mère et enfant. Cela ne leur est pas toujours facile, car ils doivent composer avec, d'une part, l'évidence de l'importance de l'attachement mère-enfant pour le bon développement de l'enfant et, d'autre part, une réalité sociale qui impose aux femmes de ne plus se limiter à une identité définie exclusivement par le maternage.

Il est probable que l'accent mis sur l'influence de la mère sur le développement de l'enfant, pour le meilleur et pour le pire, a contribué à culpabiliser les femmes en les rendant responsables des problèmes de leurs enfants. Les avis des spécialistes, nous l'avons vu, ont des effets très puissants, et les modes éducatives changent vite. On est donc en droit de porter un regard critique sur leurs théories, dont on a parfois pu prouver qu'elles étaient des émanations d'une idéologie déguisée en vérité scientifique (11).

Un bon conseil : n'écoutez pas les conseils !

Depuis quelques années, on constate que les jeunes parents s'en remettent de plus en plus à l'avis des spécialistes en matière d'éducation. Une demande d'aide bien compréhensible puisque, nous venons de le voir, nous assistons à une désintégration de la représentation traditionnelle de la Mère. De plus, beaucoup de jeunes ne veulent surtout pas reproduire sur leurs enfants l'éducation qu'ils ont reçue de leurs parents. On voit alors fleurir toutes sortes de modèles de famille et d'éducation. Il devient donc de plus en plus difficile pour ces jeunes parents de s'inscrire dans une tradition de « parentage » claire et rassurante. Et les avis d'experts en acquièrent d'autant plus d'importance. Certes, ils ont leur place, mais ils ne détiennent pas toujours la vérité absolue et la réussite n'est pas toujours garantie.

Dans tout précepte ou théorie, il est bon de dégager ce qui contribue à créer le modèle de la mère idéale, qu'il s'agisse de la mère disponible, de la mère enseignante, de la mère protectrice ou de celle promulguant l'autonomie. La littérature sur l'histoire des mères prouve que chaque époque, chaque culture a produit « naturellement » un modèle maternel idéal. Pour des femmes peu sûres d'elles, cette image peut devenir une cible inaccessible qui, au lieu de l'inspirer, se révélera alors un poids trop lourd à porter. La tendance à la culpabilisation est si forte qu'un comportement type, censé être un modèle, risque de paralyser les jeunes parents au lieu de les encourager. Beaucoup de mes consultations sont ainsi motivées par l'effet pathogène d'un modèle hors de portée. De jeunes mères viennent en fait pour recevoir un blanc-seing du spécialiste, une légitimation de leur compétence maternelle.

À vous qui me lisez, je me risquerai à pratiquer l'art douteux du spécialiste en donnant à mon tour un conseil : ne cherchez pas *le* modèle du parent parfait. Il n'existe pas. Et même si vous pensez avoir trouvé le profil de la mère idéale dans certains écrits, ne gaspillez pas votre énergie à chercher à l'imiter.

L'étude historique du rôle maternel montre bien qu'à notre époque le modèle unique, universellement prôné par la culture, n'existe plus. À chacune, donc, d'essayer de forger sa propre définition à partir des expériences de l'enfance et des exigences de l'environnement social.

La mère souffrante : leçons et nouvelles directions

À partir du récit de Graziella, nous avons pu établir une filiation entre la souffrance subjective d'*une* mère d'aujourd'hui et un modèle très influent de femme *contrainte* de souffrir pour asseoir son statut de mère respectée, sur le modèle des mères saintes du XIVe siècle. Cette interpénétration de l'expérience d'*une* femme et d'un courant culturel largement répandu, nous a permis de démontrer que la fonction de mère s'appuie simultanément sur une histoire individuelle et sur une imagerie collective transmise par la culture. La maternité se trouve ainsi au croisement de l'expérience individuelle et de la construction culturelle.

Graziella, comme beaucoup d'autres mères, n'a pas su tirer tout le profit des progrès sociaux dont bénéficient les femmes depuis quelques décennies. Il est désormais acceptable, voire conseillé, qu'une femme ne se définisse plus par le *seul* maternage, mais *aussi* par la poursuite d'une carrière professionnelle. Aujourd'hui, une mère a le droit d'exprimer son irritation et sa lassitude à propos de ses enfants. Si Graziella avait su tirer profit de cette transformation de la représentation maternelle, cela lui aurait épargné de subir le même sentiment d'asservissement qu'avait connu sa mère.

Un autre changement s'est opéré qui devrait aussi modifier le statut maternel. L'autonomisation croissante des femmes par rapport aux hommes, en diminuant leur « infériorité » socio-économique et politique, devrait atténuer la sourde rivalité entre les sexes. Le nouveau pouvoir des femmes dans la vie sociale devrait prévenir cette forme d'*altération du maternage*, qui fait de l'enfant une possession exclusive et un instrument de pouvoir. Une femme qui s'épanouit dans son travail, qui a conquis son indépendance financière et qui peut se mesurer aux hommes en dehors du cadre familial ne devrait plus avoir à utiliser les pouvoirs conférés par la maternité pour asseoir son autorité. Dès lors, la culpabilité attenante à la possession des enfants diminuera, et la rédemption par la soumission souffrante n'aura plus lieu d'être.

Et pourtant la psychanalyse prouve malgré tout que la culpabilité est toujours présente, même si elle adopte de nouveaux visages. Les mères « modernes », qui se divisent entre deux carrières, professionnelle et maternelle, connaissent aussi la souffrance morale de la culpabilité. Quand, le matin, elles s'arrachent à leur bébé pour aller travailler, quand, dans la journée, elles laissent leur travail en plan pour courir soigner leur enfant malade, quand, débordées par un horaire hebdomadaire de plus de soixante-dix heures, elles rentrent à la maison, épuisées et énervées, elles savent ce qu'est la culpabilité. Il n'y a pas de solution miracle. Même si, à l'heure actuelle, l'association maternité-souffrance n'est plus systématique, d'autres difficultés guettent les mères, dont cet écartèlement permanent entre travail et maternage n'est pas la moindre.

Si l'on parvient à aménager les contraintes liées à ce double travail des mères, on peut espérer que la transmission de la mère à la fille de cette image d'une maternité souffrante sera moins systématique. C'est dans ce réaménagement de l'identité des mères que les hommes, les maris, les compagnons et les pères devront apporter leur part d'imagination et effectuer une nouvelle donne des partages qui doivent se négocier dans tout couple.

9

L'éducation de Gwen et Sabrina

Comme Graziella, Antoinette et Stella s'appliquent à bien éduquer leurs filles et à les armer pour la vie. Tout en reconnaissant l'importance du père au cours de ce processus, elles tiennent à leur inculquer comment se situer par rapport aux hommes. La mère et la fille entrent en collusion dans leurs jugements et leurs comportements concernant l'autre sexe. C'est cette transmission de l'art d'être femme qui sera notre fil conducteur.

L'idéologie d'Antoinette

Antoinette (comme Graziella) cherche à transmettre un code de conduite idéal à sa fille. En insistant sur le contrôle de soi et la nécessité d'ascèse, elle lui inculque des valeurs hautement prisées dans l'éthique traditionnelle. Sans le savoir, elle lui dispense une sorte de « catéchisme laïque ».

Quelles sont les idéologies qu'Antoinette a transmises à Gwen ? Il s'agit en fait de messages « à tiroirs ». En surface, ses ordres sont simples. On se rappelle comment elle limitait et canalisait les envies alimentaires de Gwen : « Non, attends... Attends... Le reste, tu laisses... Tu me laisses faire ! » Sans ambages, Antoinette s'est érigée en gardienne vigilante à la porte de l'appétit. Sa discipline est stricte, sa volonté de contrôle inflexible. Elle est le maître (comme le *« dux »* latin est le maître mot du terme éducation) inculquant à l'élève la loi de la mesure. Son éducation alimentaire est stricte. Et Gwen a si bien intériorisé cette exigence d'ascèse qu'elle a développé une anorexie.

Ces attitudes d'éducation alimentaire sont soudées à une construction d'idées complexe, s'inscrivant dans un corpus idéologique largement répandu par les médias. C'est la culture du respect de l'environnement et de la dénonciation du consumérisme : « C'est honteux d'être gros... Cette graisse, cette cellulite, c'est immonde, c'est occidental au maximum, c'est de la consommation stupide ! » Nous savons à présent que les interdits qu'Antoinette oppose aux tendances boulimiques sont la manifestation de la honte intime que lui inspire son corps, mais ils se trouvent ici élevés à une dimension supérieure par le biais de la référence éthique à l'écologie, tant prisée par notre culture. Il est probable que Gwen ne garde en mémoire que ce message-là, qui rejoint l'éthique écologique en vogue ; elle se pense alors un porte-parole de ce courant culturel et politique. Il ne lui vient pas à l'idée que cette lutte contre une consommation débridée trouve en fait son origine dans la lutte perdue par sa mère contre la boulimie. Il y a encore moins de chance qu'elle découvre cet autre combat, plus clandestin, qu'Antoinette mène simultanément contre une sexualité débridée. La lutte contre l'appétit, on s'en souvient, en cachait une autre, contre la sexualité inquiétante de ses souvenirs d'enfance. La psychanalyse l'a démontré : la lutte visible contre un ennemi dénoncé cache souvent la terreur d'un autre monstre, autrement plus proche et plus difficile à chasser. La peur du déchaînement boulimique recelait d'autres angoisses : celles liées aux scènes pornographiques de l'enfance. En censurant l'appétit de Gwen, Antoinette ne pouvait pas savoir qu'elle cherchait surtout à réprimer l'éveil sexuel de sa fille. Le « catéchisme anti-alimentaire » portait en soi l'élimination du sexe. Gwen semble avoir bien intégré ce message caché : à l'âge de cinq ans, elle évitait tout contact avec moi, comme si elle craignait que je la séduise. Antoinette lui avait inculqué de ne pas ouvrir la bouche trop facilement. Gwen réagissait avec moi comme si elle avait compris l'interdiction alimentaire en termes sexuels : « Ne t'offre pas au premier homme venu. »

L'hypocrisie de l'éducation

La double nature du message éducatif, révélée par cette imbrication entre tabou alimentaire et sexuel, relève du « double message », typique de la majorité des injonctions éducatives. Chaque fois qu'on réaffirme une interdiction, on risque d'encourager son contraire. L'exemple type en est l'exagération des interdits sexuels telle qu'on la pratiquait dans l'éducation traditionnelle : elle entraînait une idéalisation de l'activité interdite à laquelle elle conférait un pouvoir de séduction supplémentaire. L'enfant admonesté en venait à suspecter l'hypocrisie de ses éducateurs, puisque, eux, ils avaient bien dû pratiquer ce qu'ils interdisaient. Et la surcharge de la prohibition à elle seule laissait supposer que ce penchant devait être irrésistible s'il fallait s'en prémunir à ce point.

Cette hypocrisie intrinsèque de l'éducation traditionnelle est la cause majeure de ses échecs. Comment un enfant saurait-il s'identifier à un code éthique s'il sent confusément que ceux qui le promulguent ne sont pas capables de s'y soumettre ?

Il est frappant de constater que les enfants, souvent très petits encore, perçoivent la double nature du message éducatif, surtout lorsqu'il procède d'un conflit non résolu chez les parents.

Les adolescents sont experts dans l'art de dénoncer l'hypocrisie de leurs parents. Ils le font souvent en créant des symptômes antisociaux, par lesquels ils cherchent à discréditer la rigueur affichée de l'éthique parentale. Ainsi nombre de terroristes allemands des années soixante-dix se révélèrent enfants de pasteur (22) !

Chez les adolescentes, j'ai souvent eu l'occasion de vérifier les effets paradoxaux des doubles messages éducatifs. Dans la famille de certaines jeunes filles, le père, puritain, prônait une stricte prohibition de la sexualité. Mais, le soir, lorsque l'adolescente rentrait de sortie, elle devait raconter le détail de ses frasques sexuelles à sa mère qui y trouvait une jouissance par procuration. Cette femme s'autorisait, par enfant interposée, ce que sa morale lui interdisait. L'instauration d'interdictions obsessionnelles est souvent l'expression d'une lutte des parents qui, à travers leur enfant, combattent leurs propres tendances « perverses ». J'ai reçu un jour un père dont le fils venait d'être arrêté pour avoir causé plusieurs incendies. Or ce père était pompier ; il avait construit dans sa cave une ville miniature ; pour occuper ses dimanches, accompagné de son fils, il provoquait des mini-incendies dans sa ville en carton pour montrer avec quelle diligence il pouvait les éteindre. Le garçon n'avait retenu de ce jeu que l'extrême plaisir qu'avait son père à mettre le feu. En provoquant, à son tour, des incendies, le fils avait simplement cherché à reproduire en lui le plaisir du père.

Ainsi une prédilection parentale peut aller jusqu'à définir la nature des plaisirs des enfants.

L'androgyne comme idéal

Poussant plus loin l'analyse du message transmis de mère à fille, on n'est pas étonné d'y trouver une prise de position – ô combien radicale – au sujet de la différence des sexes. Antoinette est catégorique : elle n'aime pas les rondeurs féminines, car elle « refuse complètement de chercher à plaire à un homme ». Son refus de se soumettre au désir de l'homme est tel qu'elle voudrait gommer tout attribut corporel féminin. Lorsqu'elle déclare : « J'aime bien quand on ne sait pas ce que ça peut être » (ce qui permet d'imaginer qu'on peut être femme et homme à la fois), elle affiche son idéal androgyne. Cet idéal de complétude, elle cherche à le réaliser à travers Gwen : « C'est mon idéal, alors je m'imagine qu'elle serait très bien dans sa peau si elle en devenait une [androgyne]. »

Comment Gwen évoluera-t-elle dans sa relation aux hommes ? La relation à son père, Éric, corrigera peut-être l'image inquiétante de l'homme vu comme un séducteur vicieux. Mais une chose est sûre : Gwen devra trouver dans le futur de nouvelles solutions au conflit qu'elle connaît déjà dans sa relation à l'autre sexe.

« *Notre premier précepteur est notre nourrice* [1] »

On considère souvent que l'éducation ne peut s'exercer qu'à partir du moment où l'enfant est socialisé.

1. J.-J. Rousseau, *L'Emile* (26).

Avant ce moment initiatique d'entrée dans la société, on croit l'enfant incapable de s'associer à un projet éducatif, parce que imperméable aux messages d'une instruction intelligible. Jusqu'à récemment, la science psychologique et pédagogique considérait le bébé comme une espèce inférieure, dépourvue d'intelligence. Seule valait une approche par conditionnement, où l'autorité jouait un rôle central : la rédemption de l'enfant marqué constitutionnellement par sa nature pécheresse passait par un redressement de ses penchants. L'éducation traditionnelle consistait alors en une lutte contre la nature. « Si on lui [l'enfant] laissait faire ce qui lui plaît, il n'est pas de crime où on ne le verrait se précipiter », disait saint Augustin (31).

Rousseau fut le principal artisan d'une révolution éducative qui marqua l'avènement d'une transformation des rapports familiaux, encore influente aujourd'hui : l'éducation commence dès la naissance, le bébé peut s'instruire et il est doté d'un potentiel social. « Je le répète, l'éducation de l'homme commence à la naissance. [...] Avant de parler, avant que d'entendre, il s'instruit déjà. [...] De ses pleurs, qu'on croirait si peu dignes d'attention, naît le premier rapport de l'homme à tout ce qui l'environne : ici se forge le premier anneau de cette longue chaîne dont l'ordre social est forgé (26). »

Par ces positions, Rousseau contribua à créer une nouvelle représentation du bébé : il est réceptif, emmagasine des connaissances et s'inscrit dans les relations sociales. La lecture de Rousseau est un vrai délice pour l'observateur de bébés que je suis. D'abord, elle montre la capacité admirable qu'ont certains hommes de renverser l'ordre établi de représentations du monde profondément ancrées dans l'imaginaire collectif. Ensuite, il est infiniment réconfortant de voir ainsi, au cours de ses lectures, un interlocuteur d'un autre siècle agiter les mêmes idées que les chercheurs contemporains les plus pointus, alors que, aujourd'hui encore, plus de deux cents ans plus tard, tant d'adultes intelligents négligent l'évidence de la complexité psychique du bébé.

Mais Rousseau n'a pas seulement construit et créé une nouvelle représentation de l'enfance. Il a aussi contribué à installer la mère comme éducatrice principale, et à glorifier le rôle de l'amour maternel. Une bonne partie de l'idéalisation actuelle de l'amour maternel et du lien mère-enfant trouve son origine dans la valorisation par Rousseau de la fonction maternelle. Lorsqu'il écrit : « Notre premier précepteur est notre nourrice » (parlant de la mère), Rousseau prépare l'ascension de la mère comme figure centrale pour l'enfant, faisant du même coup passer l'éducation de la primauté de l'autorité (des hommes) à celle de l'amour (des femmes).

Cette citation rend bien compte d'une des thèses centrales que je cherche à démontrer : l'éducation commence *dès la naissance* ; elle passe par les échanges agis et parlés entre la nourrice et l'enfant. C'est dans le creuset de cette relation première que se forment les rudiments de sa personnalité, et que sont transmis les premiers signes de l'héritage d'une culture. Le bébé est d'emblée un être saisi par la culture. Il n'y a pas de phase préliminaire « naturelle » où le nouveau-né ne serait que biologique. L'apport de Rousseau à l'évolution de cette idée fut considérable, puisqu'il réussit à établir les prémisses nécessaires à son développement : le bébé n'est pas « bête », il s'instruit dès le berceau ; il n'est pas un être végétatif coupé de l'échange. Même ses pleurs établissent un rapport interpersonnel, qui est le premier anneau scellant l'ordre social dans lequel il va s'intégrer progressivement. En le nourrissant, sa mère ne satisfait pas que ses besoins physiologiques, elle l'instruit ! Cette affirmation est étonnamment proche de ces mots de Benjamin Spock, écrits deux siècles plus tard : *« Remember ! Feeding is learning (30) »* – Rappelez-vous ! Se nourrir, c'est apprendre [1].

Dans l'histoire d'Antoinette et de Gwen, l'épisode de la barre de chocolat constitue la parfaite illustration du précepte de Rousseau, repris par Benjamin Spock. C'est aussi la plus transparente expression de la thèse centrale de ce livre : les interactions les plus simples, et les plus précoces, entre parents et enfants consistent en l'application d'un système. En régissant la façon dont le chocolat peut pénétrer dans la bouche de Gwen, Antoinette concentre sur cet orifice la manière dont elle entend faire entrer la culture dans sa fille. À chacun des contrôles qu'elle exerce sur le chocolat, elle lui indique les lois élémentaires gouvernant le désir, la négociation de l'autorité et de la soumission, mais aussi une morale de la sexualité et de la mesure. Toute une philosophie passe ainsi par la bouche !

L'éducation de Sabrina

Dans le cas de Stella et de Sabrina, les rouages de la transmission familiale de valeurs culturelles apparaissent d'autant mieux que l'on peut suivre cette transmission du précepte éducatif central sur cinq générations. À quatorze mois, cette petite fille, au caractère déjà affirmé, avait intériorisé des modes de conduite développés près de un siècle plus tôt, sur un autre continent, par l'arrière-grand-mère de sa mère ! Quelle

1. C'est nous qui traduisons.

fidélité ! Ou bien, quelle persistance de ce « gène de l'autodétermination » !

On imagine bien le contrat liant mère et fille et par quelles modalités ses termes ont été remplis. Chaque fois que Sabrina prouve son autodétermination, le beau visage de Stella lui renvoie l'image d'une perfection accomplie. Le sourire des mères est le miroir du sentiment de compétence et du désir d'être irremplaçable. Comment trouver ailleurs l'équivalent de cette source d'affirmation de soi ? Quelle motivation plus forte que cette image de soi renvoyée, mille fois auréolée, par les pupilles de sa mère ? Rappelons-nous l'épisode de l'escalier, gravi sans aucune aide par ce bout de chou de quatorze mois : « Tu es irrésistible ! » s'était exclamé sa mère. N'est-ce pas cette appréciation que chacun recherche lors de toute entreprise, au cours de sa vie ?

Chez Stella, le précepte éducatif apparaît éclatant de simplicité : « La chose la plus importante à apprendre aux enfants est le sens de la liberté. » Paradoxe encore de l'autorité éducative : l'enfant n'aura pas d'*autre choix* que de devenir *libre*. On sent la charge d'un idéal puissant et l'obligation absolue de s'y plier. Liberté et contrainte se trouvent unis dans un même précepte.

La chance a voulu que mère et fille aient les moyens de leur ambition et qu'elles jouissent ensemble de la réalisation de leur projet commun. Sabrina a revendiqué, à sa façon, le droit à la régression et au renoncement à la liberté en créant un trouble du sommeil. Mais cela n'entamait pas profondément l'harmonie l'unissant à sa mère. Sabrina était prête à troquer ses privilèges de bébé contre les énormes récompenses promises par l'accès au monde des compétences adultes. En outre, Jacques, le père, se montrait tout disposé à endosser ce projet de « femmes de fer », dont il admirait la solidité, s'y retrouvant lui-même. Sabrina, par son autodétermination, s'inscrivait tout naturellement dans la longue lignée de ces femmes intrépides. Elle s'était parfaitement intégrée dans cette tradition éprouvée sur cinq générations. Elle se coulait dans un moule tout fait, hautement valorisé par ses parents, et c'est ce qui rendait si facile la construction de son identité.

Comme Antoinette et Graziella, Stella a exprimé une position très claire sur les relations hommes-femmes : son mariage, nous a-t-elle dit, tenait parce que Jacques avait vite compris son exigence d'autodétermination. S'il ne s'alliait pas à son projet éducatif, elle n'hésitait pas à s'opposer de manière inflexible. Pas question pour Stella de se soumettre à un homme, mari ou patron. Cette revendication égalitaire est plus en accord avec sa culture d'origine qu'avec, par exemple, la culture sicilienne de Graziella. Mais nous savons que c'est en partie son *histoire personnelle* qui la contraint à cette revendication : elle a vu sa mère souffrir de l'abandon de son mari et s'est jurée de ne jamais subir pareille humiliation. Plus question pour elle d'entrer dans une relation de dépendance soumise.

Quelle transmission au garçon?

Une telle définition des rôles sexuels est moins favorable au développement de l'identité de Marc, le seul garçon. On se souvient que le modèle de l'homme au caractère affirmé est entaché de violence et de ressentiment, les deux grands-pères ayant été violents et absents. Il est donc difficile pour ces parents de transmettre une image positive de l'homme « affirmé ». Dans cette famille, l'affirmation positive de soi est réservée aux femmes. Nul doute que, s'il était né fille,

Marc aurait eu la vie plus facile... Dans son folklore familial, ce sont les filles qui ont le droit à l'excitante démonstration de la démesure, comme la tante Margrit qui plante un marteau dans la porte fermée. N'y a-t-il pas là de quoi le rendre envieux – et craintif – des privilèges des femmes ?

Ainsi, même lorsqu'on peut détecter une culture familiale typique et prédominante, elle ne s'applique pas de la même manière chez tous les enfants. Bien que les enfants d'une même famille se ressemblent sur certains points, leurs différences individuelles l'emportent sur la communauté d'attitudes « familiales ». La « contrainte éducative » n'est donc pas toute-puissante, ni également efficace chez chaque enfant.

Marc n'a donc pas été « endoctriné » à s'autoaffirmer comme ses sœurs. Une différence qui relève de nombreux facteurs dont nous ne citerons que les principaux : d'abord, en tant que garçon, il a été la cible, de la part de ses deux parents, de projections d'une image négative de « l'homme fort ». Il est possible que ses velléités d'autoaffirmation s'en soient trouvées discréditées, ou bien pénalisées par les parents (à leur insu, bien entendu), parce qu'elles risquaient de faire resurgir, à travers lui, le spectre des deux grands-pères terrorisants.

Mais il faut aussi prendre en compte les facteurs personnels, le monde subjectif de l'enfant ; ses propres angoisses et conflits contribuent aussi à la construction de son identité. Il est probable que des velléités d'affirmation aient été inhibées parce que assimilées dans son esprit à une agression inacceptable. C'est bien cela qui semble ressortir de son dessin de dinosaures terrifiants : quand on est fort, on devient dangereux, semblaient-ils exprimer.

L'enfant aussi crée sa destinée

Sans entrer dans le détail d'une analyse plus approfondie de cette situation d'exclusion de la filiation familiale dominante, il faut souligner – à l'aide de ce cas – que la pression éducative et les projections des parents sur l'enfant ne sont pas seules à déterminer sa destinée. L'enfant dispose de nombreux recours pour relativiser cette pression parentale, refuser la contrainte de l'éducation et, surtout, se donner à lui-même des modèles alternatifs de conduites. Chacun crée son bagage éthique sur la base de sources multiples. Les transmissions de préceptes éthiques par les parents jouent un rôle fondamental, caché, souvent légitimé et rationalisé *a posteriori* par un projet éducatif systématique. Mais l'enfant, au cours de son évolution, développe des attachements à d'autres modèles auxquels il s'identifie. Son surmoi – cette instance du psychisme définie par les valeurs, les interdits, les idéaux qui gouvernent l'autocensure et éclaire les choix – est construit à partir d'inhibitions que l'enfant a érigées contre ses propres tendances antisociales : l'agression, les désirs incestueux, la mégalomanie, etc. C'est de l'interpénétration des messages éthiques parentaux et de la sécrétion par l'enfant lui-même de ses interdits et de ses valeurs que se solidifie, peu à peu, une conscience autonome, intériorisée.

J'insiste sur l'apport de la pression éducative des parents, véhiculée par les relations précoces mère-enfant, parce que c'est ce qui se perçoit le mieux dans les thérapies parents-bébés. Mais une conceptualisation globale de la formation du caractère d'un enfant demanderait une prise en compte beaucoup plus large d'autres prédéterminations de la pensée, des valeurs, et des règles qui s'élaborent au fur et à mesure de l'évolution.

Le partage d'une vision du monde

L'enfant est sans cesse en train d'intérioriser des images de ses parents, de leurs choix, de leurs conduites, de ce qu'ils encouragent et interdisent. Cela se passe déjà bien en deçà de l'échange de langage. Dès le second semestre de vie, on sait que le bébé, lorsqu'il est placé dans une situation ambiguë, va immanquablement chercher sur le visage de sa mère la règle de conduite à adopter. Si sa mère sourit, il va de l'avant, explore, développant diverses activités physiques et mentales. Si le visage de la mère exprime l'angoisse ou la désapprobation, l'enfant réagira comme s'il s'agissait d'un interdit ou d'un danger : exploration, investissement et développement cesseront.

La découverte du monde, physique et psychique, est une expérience *partagée*. Les significations des événements et des sentiments se créent à deux et à trois. L'alimentation ou le sommeil prennent nécessairement un sens, toujours créé par l'enfant *et* par son environnement humain. Chaque geste, chaque mimique, chaque intonation est un message, et le bébé le plus petit emmagasine, puis déchiffre ces signes à partir desquels il va constituer une sorte de vocabulaire pour ses échanges.

Ainsi l'étude des interactions précoces est aussi celle des *sens partagés*. Cette approche des significations transmises nous indique comment parents et bébés s'entendent pour réaliser la transmission d'une culture. L'éducation commence au berceau : chaque échange est la communication d'une intentionnalité éducative.

Le bébé s'adapte à cette demande, cherchant à se modeler à ce qui est attendu de lui. On est frappé de voir avec quelle précocité, par exemple, s'installent des anorexies : dès les premiers jours, déjà, le bébé peut tourner la tête quand on lui présente le sein. Bien souvent, on découvre que c'est la mère qui « transmet », par la raideur ou la brusquerie de ses gestes, l'image négative qu'elle a intériorisée d'un bébé se nourrissant du corps de sa mère. Sensible à cette prohibition, le bébé évitera, en se détournant, de s'engager dans une forme d'échange marquée par l'angoisse (de sa mère).

Bien que ces messages gestuels s'exercent à l'insu des parents, leur persistance et leur répétition leur confère une valeur de *système*. L'observateur extérieur peut très vite déterminer un profil interactif typique, qui recèle une position de base concernant les règles de l'échange. Le bébé, lui aussi, est sensible à l'aspect prévisible, itératif des attitudes maternelles, et il s'adapte grâce à leur répétition. Ce côté répétitif est d'ailleurs bénéfique, car il est plus facile de maîtriser le prévisible que l'imprévu.

Lorsqu'on enregistre et que l'on code les comportements interactifs de mères et de bébés – comme l'a fait Brazelton, par exemple (5) –, on s'aperçoit qu'il y a des cycles répétitifs d'engagement et de désengagement, d'intensification d'excitation, puis de baisse de régime. Se dessine alors un style propre à chaque couple. Lors de la phase d'apprentissage du langage, on a pu constater que l'enfant, si sensible à l'aspect *systématique* des productions parentales, peut réagir à des règles très complexes (6). Sa capacité d'abstraction lui permet de produire des généralisations et de créer des ensembles : très tôt, par exemple, le bébé sait que, lorsque sa mère le pose, met son manteau, se dirige vers la porte en disant « au revoir », un ensemble signifiant « séparation imminente » s'est mis en place.

Le futur du bébé

La façon qu'ont les mères d'organiser les moments clés de la journées est si répétitive et prévisible qu'elle prend valeur de système, car elle n'apporte pas seulement la mécanique des gestes, mais contient toujours une *intentionnalité*. Cette dernière tient sa systématisation du fait que les parents ne manquent jamais une occasion de faire savoir à l'enfant ce qu'il *doit devenir*.

La référence à l'image *future* de l'enfant est toujours présente. Elle s'exprime déjà à la maternité. Ainsi, lorsque le bébé pleure, si la mère le met au sein, elle justifiera son geste en invoquant le futur : « Je veux qu'il devienne fort et sûr de lui. » Si, au contraire, elle refuse de céder à ses cris, elle évoquera l'adulte que le bébé ne doit pas devenir : « Je ne veux pas qu'il se mette à croire que tous ses caprices seront exaucés. »

Dans notre récit, chaque mère entraîne sa fille à développer des attitudes de protection contre des dangers *futurs* ; elle lui enseigne l'art d'être femme en fonction des rencontres qu'elle pourra être amenée à faire avec des hommes *dans le futur*.

Les parents sont des philosophes

Chaque mère s'attelle avec constance et détermination à entraîner sa fille vers des attitudes correspondant à une idéologie précise. Ce faisant, elle forme un caractère dont l'effet est d'assurer le bonheur de l'enfant, de lui éviter l'angoisse et de l'inclure dans une culture familiale valorisée.

Je suis toujours frappé par les efforts déployés par les parents dans l'application de leurs « programmes éducatifs ». Ils le font souvent au prix de grosses privations, leur récompense implicite étant la conviction de faire de leur enfant un être mieux « armé » qu'eux-mêmes. Ces efforts s'inscrivent dans une logique – inconsciente – qui devrait assurer la protection contre les échecs, les souffrances et les angoisses qu'ont connus les parents.

En analysant les intentions éducatives des parents, on constate que tous construisent des *systèmes* de valeurs et de pensées auxquels s'attache une *politique* de mise en œuvre des prédicats du système. Le tout repose sur une *philosophie* des relations sociales, de l'ordre du monde, des valeurs et des tabous régissant les destinées. L'éducation relève d'une réelle créativité.

On a toujours une philosophie éducative

L'étude des échanges parents-enfants montre combien il est illusoire de prétendre à une *tabula rasa* éducative, et que tout parent sécrète naturellement une théorie éducative lorsqu'il est mis en présence d'un enfant. Certains pensent avoir réussi à renoncer à toute pression éducative ; ils croient ne respecter que la spontanéité de l'enfant et se réjouissent de leur libéralisme. En fait, ce renoncement n'est qu'apparent : l'absence de discipline éducative devient un système en soi, avec ses contraintes cachées. En abolissant leur propre autorité, les parents font souvent de leurs enfants des despotes : ils se soumettent alors à leur loi et leur confèrent l'autorité qu'ils s'interdisent eux-mêmes. Un nouveau système est ainsi créé, avec des règles tout aussi contraignantes que celles de l'éducation traditionnelle. L'absence de projet éducatif est une utopie qui risque d'engendrer la tyrannie.

L'éducation comme esthétique

Dans le microcosme des échanges parents-enfant s'édifie un système éducatif complexe, relié à des valeurs éthiques, religieuses et culturelles. On voit se dessiner des idéaux exigeants, des obligations puissantes, des interdits intransigeants. Des références prestigieuses sont soit nommément citées, soit implicitement évoquées. Des attitudes sont valorisées, d'autres prohibées. Des modes de pensées, des formes de logiques sont invoquées, tout un florilège de sentiments, d'attitudes et de goûts sont encouragés. Peu à peu, au fur et à mesure que se présentent des sujets touchant à tous les aspects de la vie, de la sexualité à la justice, de la propreté à l'esthétique, de l'argent à la mort, un édifice apparaît, de plus en plus complexe, avec ses faces d'ombre et de lumière. On en devine parfois certains fondements : tous renvoient au monde de l'enfance des parents et aux racines profondes de la culture ambiante. Mais ce que l'on constate avec le plus d'évidence, c'est que cet édifice complexe *doit* s'installer chez l'enfant, de gré ou de force, et avec plus ou moins de bonheur. Il constituera un monument commémoratif élevé à la gloire de ceux qui l'ont précédé, et le but de l'accomplissement de sa destinée. Cet édifice est une véritable création, rassemblant toutes les forces vives des partenaires familiaux. L'étude détaillée de ces systèmes est comparable à celle que fait le critique de l'œuvre d'un artiste ou le sociologue des mécanismes d'une société. Je suis souvent saisi par la beauté, la noblesse même, de ces créations, et ce malgré les retombées nocives qu'elles ont parfois sur les enfants. Il s'agit de l'œuvre d'une famille et l'on y trouve une esthétique.

Le contrat caché

Ce « contrat éducatif » est l'enjeu de l'accord ou de la discorde entre les parents et l'enfant. Ce qu'on appelle le « conflit des générations » tient souvent aux aléas du maintien de cet édifice chez l'enfant et l'adolescent. Dans toutes les familles, il y a des choses qui se font et d'autres qui ne se font pas. Beaucoup de crises familiales sont issues de la façon dont les uns et les autres composent avec cet édifice ; il est une création partagée, une microculture, un folklore local. À chacun de savoir se situer par rapport à lui et de lui apporter sa propre contribution.

C'est ce microcosme éducatif, où s'articulent idéologies et pratiques, qui recèle la transmission d'une culture et son influence sur la formation des personnalités. À nous d'essayer de percevoir la nature du contrat éducatif qui nous lie à nos enfants, pour le meilleur et pour le pire.

Cette analyse, nos enfants nous forcent souvent à nous y soumettre, lorsqu'ils passent par une crise et créent des symptômes. Ces crises peuvent provoquer une prise de conscience des attentes non dites des parents et des difficultés des enfants à s'en accommoder. Tout parent devrait essayer de déchiffrer le projet caché de son modèle éducatif : son éclaircissement l'aidera à mieux comprendre les aléas des relations tissées entre les générations, de parents à enfants.

10

Le travail de mémoire

Les histoires de famille que nous avons suivies le prouvent : la mémoire a la vie longue. Elle s'accroche à des idées devenant des préjugés, à des attitudes se transformant en style de famille, à toute une série d'habitudes de vie caractérisant un groupe familial. La mémoire va se loger en des lieux d'où il est difficile de la débusquer, qu'il s'agisse des gestes du quotidien ou des grandes idéologies qu'on ne penserait même pas à remettre en question. Elle s'agrippe à des réflexes, à des cheminements de pensées qui échappent au jugement conscient. Nous avons bien mis en lumière cette proximité entre mémoire et comportement dans le trouble de l'alimentation de Gwen : les souvenirs d'enfance d'Antoinette s'étaient mués en contraintes alimentaires pour sa fille. C'est précisément parce que la mémoire des générations précédentes s'inscrit si tôt dans le développement de la nouvelle génération que sa marque devient aussi invisible qu'indélébile.

Son empreinte s'établit dès les premiers échanges corporels, lorsque l'intimité parents-enfant est telle que le bébé semble « branché » directement sur les pensées et les sentiments de ses parents. C'est comme si, lors de ces périodes précoces, il y avait continuité entre l'inconscient des parents et celui du bébé.

Cette extraordinaire réceptivité du bébé aux messages transmis est peut-être l'effet d'une sagesse de la nature. Contrairement au poussin qui sait picorer des graines dès sa naissance, le bébé humain est dépendant de l'environnement familial pour sa survie, et il le restera jusqu'à un âge avancé. Cette dépendance, étayée par de nombreux échanges physiques, devient le véhicule d'un apprentissage quotidien au cours de gestes mille fois répétés. Une communication puissante – dont on a pu comprendre la précision dans l'histoire de Gwen par exemple – passe de la mère à l'enfant, assurant à celui-ci la transmission de préceptes anciens élaborés au cours des générations précédentes. Du fait de ce manque d'adaptation innée, le bébé est contraint de s'imbiber de recettes de vie expérimentées par plusieurs générations avant lui. Certes, il n'a pas la capacité d'adaptation immédiate du poussin, mais il a mieux que cela : il a le privilège d'être imprégné peu à peu d'une sagesse ancestrale, qui va orienter ses prédilections, ses aversions et ses modes de conduite. En faisant sienne cette sagesse, il devient à son tour le véhicule d'une culture et le gardien de la mémoire.

Quand on étudie de près les mères et leurs bébés, cette perception de l'articulation entre le monde d'hier et celui de demain, de la transmission d'un héritage culturel d'une génération à la suivante est absolument fascinante. Lorsqu'une mère met son nouveau-né au sein, elle le rattache simultanément au monde culturel qu'elle véhicule. La mémoire est si tenace qu'elle pénètre chacun des recoins où s'installe une habitude et infiltre le moindre geste. Cet héritage primordial au cours des premiers échanges transporte des trésors de culture. La nature a bien fait de créer le petit d'homme prématuré et dénué des capacités d'adaptation qui permettent aux bébés de la plupart des espèces inférieures de subsister dès la naissance, sans avoir à apprendre grand-chose. C'est justement ce dénuement qui oblige le bébé humain à apprendre des attitudes imprégnées de la sagesse de ses ancêtres.

En général, les familles trouvent assez de ressources en elles-mêmes et dans leur environnement pour instaurer un équilibre entre ce que les parents transmettent de leur propre fonds de tradition psychologique et le besoin de liberté qu'a l'enfant pour se développer sans trop de problèmes et, surtout, sans être trop aliéné par le poids de la mémoire familiale. Les parents peuvent s'appuyer sur le souvenir inconscient des bonnes relations qu'ils ont connues avec leurs parents, ce qui consolidera leurs échanges avec leurs enfants. Grâce à cette base saine d'identification à leurs propres parents, ils parviendront à intégrer leurs enfants dans la tradition familiale, sans leur faire porter le poids d'une projection de leurs conflits personnels. Dans ce cas, la transmission des héritages psychologiques joue donc un rôle de soutien et d'orientation. Elle sécurise plutôt qu'elle n'inquiète. Elle transmet le goût de l'autonomie plutôt que le besoin de se soumettre. Comme telle, la transmission transgénérationnelle est le garant de la pérennité de la culture et d'un sentiment de sécurité essentiel pour les nouvelles générations.

Malheureusement, notre connaissance est beaucoup plus limitée sur les processus de transmission de la santé mentale, des sentiments de sécurité et de la capacité de créativité que sur leurs déviations ou leurs échecs. C'est ce qui limite le point de vue du psychiatre : il n'a d'intelligibilité du système familial qu'à partir de points d'entrée tels que dépressions, angoisses et symptômes. Ce n'est que par l'intermédiaire des « ratés » des échanges d'une génération à l'autre qu'il peut saisir les effets dommageables de la mémoire et des blocages que peut perpétuer la tradition.

Bienfaits et méfaits de la mémoire

Les histoires de famille que nous avons évoquées témoignent de l'extraordinaire persistance, voire de l'*adhérence*, de la mémoire d'une génération à l'autre. Mais nous avons vu aussi que la mémoire transgénérationnelle peut également traîner son lot d'angoisses, d'obsessions ou de douleurs auxquelles l'enfant devra apprendre à faire face *comme si elles étaient siennes*. Ainsi, Sofia a fait sienne la nécessité de souffrance, héritée de sa mère.

Thérapie, mémoire et tradition

Si ces mères sont venues consulter, c'est qu'elles souffraient et s'inquiétaient des symptômes développés par leurs filles. La mémoire avait sécrété des symptômes, et la tradition avait fourvoyé mère et fille dans des attitudes angoissantes. La technique de ces thérapies n'est pas aussi simple qu'elle le paraît. De nombreux facteurs concourent à leurs succès comme à leurs échecs. Le lecteur qui voudrait en savoir plus sur cette pratique pourra se reporter à un ouvrage plus spécialisé, *La Pratique des psychothérapies mères-bébés*, qui décrit ces thérapies de manière systématique (8).

Le travail du psychothérapeute s'adresse à la mémoire et à la tradition. Ce qui était présenté comme un fait brut, *ici et maintenant*, un symptôme alarmant dont on ne comprend pas la raison, se trouve déchiffré comme le signe palpable et douloureux d'un scénario ancien, d'un souvenir oublié, enfoui dans l'enfance de la mère. Le symptôme de l'enfant en était la surface sensible. La mémoire s'infiltre partout, et les symptômes des bébés sont souvent les dépositaires de cette mémoire rejetée.

Mais il faut aller plus loin et chercher dans la mémoire familiale des parents les traditions de pensée qui les avaient précédés, prédéterminant leurs conflits et angoisses. Le thérapeute rétablit ainsi une continuité là où il y a eu rupture, une intelligibilité là où dominait l'étonnement inquiet. En les inscrivant dans une histoire dont des passages entiers avaient disparu, il donnera un sens aux échanges conflictuels entre la mère et l'enfant.

Les messages inconscients ont tendance à se répéter à l'infini, chez chaque individu et à travers les générations. La mise au jour de la mémoire refoulée permet une saisie consciente de la répétition au présent de scénarios appartenant au passé. Le jour où Antoinette a compris qu'en imposant à sa fille une censure alimentaire elle luttait contre l'excitation boulimique de son enfance, Gwen a pu se remettre à manger. Lorsque Graziella a perçu qu'elle craignait une fissure dans le corps de sa fille, sur le mode de celle qu'elle avait causée à sa mère, Sofia a pu lâcher ses selles. Mais dans ce dernier cas il avait fallu que je réveille *aussi* la mémoire de la fillette concernant ses inquiétudes d'une déchirure de sa mère, au cours de l'accouchement du petit frère. Ce sont ces liaisons rétablies entre les configurations du présent et du passé, qui, en dégageant des émotions, ont joué le rôle libérateur.

Peut-on abolir la mémoire?

« Les hystériques souffrent de réminiscences (14) », écrivait Freud. Tout le monde peut faire l'expérience du postulat que la mémoire est source de souffrance. Ne serait-il pas plus sain d'éliminer les souvenirs pénibles et de purger la mémoire de toute persistance de la douleur ? Ne pourrait-on pas – par analogie au génie génétique – remplacer des encodages d'informations défectueux par une mémoire mieux adaptée ? En psychologie, un tel projet ferait figure de science-fiction, bien qu'il ne soit pas inconcevable d'imaginer qu'un jour on puisse corriger l'erreur génétique (transmise de génération en génération) prédisposant à la maladie maniaco-dépressive (perturbation de la régulation de l'humeur, avec des alternances d'excitation incontrôlée et de dépression profonde). La thérapie psychanalytique propose une approche plus modeste : il s'agit de mettre en lumière la répétition de modes de penser, de sentir et d'agir archaïques dans des symptômes présents. Lorsque ce processus, long et répétitif, réussit, le sujet parvient à revoir sa position par rapport à son passé ; il voit celui-ci avec des yeux neufs et arrive même à construire une nouvelle version de son histoire, épurée des déformations qu'il lui avait imprimées. Il ne s'agit donc pas d'abolir la mémoire, mais plutôt de la rendre consciente, afin de trouver ensuite de nouveaux rapports au passé.

Persistance ou changement ?

Dans la pratique psychanalytique, il arrive qu'un patient, des années après la fin d'un premier traitement, vienne demander une deuxième tranche d'analyse. Lorsqu'on revoit ce patient, on constate que la vie l'expose à des épreuves qui le confronte à nouveau – mais de façon différente – aux conflits d'autrefois, mis un temps en sommeil et ranimés par de nouveaux défis.

Ni les conflits fondamentaux ni les attitudes essentielles n'ont changé. Ce qui a changé, c'est l'articulation de cette constellation première avec les nouvelles tâches psychologiques auxquelles le sujet doit faire face.

Cette persistance des conflits fondamentaux, côte à côte avec l'éclosion de nouvelles sources d'angoisse, est bien connue des pédopsychiatres. À chaque phase de son développement biologique et psychologique, l'enfant doit relever de nouveaux défis. La puberté est l'exemple type d'une mutation induite par l'évolution qui entraîne un remaniement de la relation du jeune sujet à son passé. Ce qui, jusqu'alors, semblait se maintenir en équilibre, semble soudain vaciller, prêt à basculer avec l'apparition de la sexualité adulte. Des symptômes apparaissent, souvent douloureux, qui, à leur tour, vont aller puiser dans le folklore familial ; une crise éclate.

Quand on suit des enfants depuis leur plus jeune âge, on rencontre souvent ces regains d'angoisse, de conflits et de symptômes. C'est l'évolution elle-même qui entraîne ces recrudescences de difficultés, toujours liées aux problèmes fondamentaux et inconscients du sujet. Les parents ne doivent donc pas se décourager si leur enfant, après avoir dépassé un problème (un trouble du sommeil), développe un nouveau symptôme (une rétention de selles).

La première fois que Sofia vient me voir, à neuf mois, pour des troubles du sommeil, la cause principale en est l'angoisse de séparation, classique à cet âge. L'angoisse de l'enfant est alors renforcée par celle de sa mère, qui, elle aussi, connaît les tourments de la séparation. Lors du deuxième épisode de thérapie, Sofia a vingt-six mois, elle n'a plus de trouble du sommeil, mais elle retient ses selles. La thérapie doit donc prendre une nouvelle tournure : c'est à présent le thème de la maternité souffrante qui occupe le devant de la scène. Sofia n'a plus peur de se séparer de sa mère, mais de ses selles. Parallèlement, Graziella n'évoque plus la nostalgie de sa mère, mais se plaint de l'inégalité des sexes, les hommes ayant tous les droits, alors que les femmes sont asservies par les enfants qui leur déchirent le corps et les tourmentent.

En quelques mois, mère et fille ont évolué. Leur première angoisse a fait place à une nouvelle inquiétude : la crainte de déchirure corporelle dans la région des organes sexuels. Il s'agit de la version féminine de ce qu'on appelle, en psychanalyse, l'*angoisse de castration.* Cette mutation n'est guère étonnante. Sofia entre dans une nouvelle phase œdipienne, où elle prend pleinement conscience des différences sexuelles auxquelles elle est directement confrontée par la vision du corps masculin de son petit frère. En même temps, elle envie sa mère qui a créé un bébé, et elle ressent que son père a joué un rôle secret dans cet événement. Elle se sent alors exclue des relations intimes de Graziella avec son père et son frère. C'est pour se prémunir contre ces sentiments d'envie, d'exclusion et de jalousie qu'elle a, avec ses moyens à elle, créé un simulacre de grossesse. Elle s'identifie ainsi à sa mère et, simultanément, à ses souffrances, qu'elle reproduit en retenant ses selles.

Graziella aussi a évolué : la naissance de Luigi a ravivé son identification à sa mère, meurtrie par les grossesses à répétition, et son ancienne rivalité avec ses frères, privilégiés. À présent, c'est Luigi qui représente les frères enviés dans l'enfance. Cet événement, les résonances de conflits anciens qu'elle lui associe font ressortir la thématique de la maternité souffrante et de la récrimination contre les hommes et leurs avantages.

Mère et fille ont changé le langage de leurs conflits. Ils s'expriment désormais par les inquiétudes corporelles et les sentiments d'infériorité.

Il y a donc eu une évolution entre la première et la seconde thérapie. Sofia aurait pu rester fixée à une angoisse de séparation, empêchant le développement de nouvelles acquisitions. La thérapie permet à la mère et à la fille de s'émanciper réciproquement, sans trop de douleurs. Avec l'entrée dans le complexe d'Œdipe, Sofia fait l'expérience d'une angoisse corporelle (angoisse de castration), intensifiée par l'accouchement douloureux de sa mère. Mais, cette fois-ci, elle peut exprimer l'angoisse première (être séparée de sa mère) à un niveau plus circonscrit : la crainte de perdre un produit de son corps, ce qui se situe à un niveau de symbolisation beaucoup plus élevé, puisqu'elle « sait », en fait, que les selles se renouvellent puisque reproductibles chaque jour. De l'angoisse nocturne de la séparation, elle a accédé à la peur de la fissure, dans le cadre du complexe œdipien.

Les thérapies ont certainement modifié le rapport de Sofia à l'angoisse de séparation au moment de s'endormir, puis à celle de lâcher ses selles, mais peut-on pour autant penser qu'elle ne fera pas d'autres symptômes plus tard, au gré des aléas de la vie ? L'affirmer serait hélas bien présomptueux.

Graziella aussi a négocié un important tournant de sa vie : grâce aux symptômes de sa fille, elle a pu prendre conscience, par les deux épisodes de thérapie, du poids que sa mémoire d'enfant faisait peser sur sa relation à Sofia. Elle a ainsi pu libérer sa fille de l'ombre portée de sa propre expérience d'enfant et de sa relation douloureuse à une mère déprimée. Dans la seconde thérapie, elle a soulagé sa fille d'un poids considérable : celui d'une destinée où la souffrance serait devenue la pierre angulaire de la féminité.

Mais à côté de ce progrès, qui se maintient sans nouveau symptôme chez Sofia depuis la deuxième thérapie, on perçoit la persistance de certains thèmes fondamentaux, comme de grandes ombres cachées veillant au fond de la mère et de la fille. Chez Graziella se dessine en filigrane la permanence d'une certaine insatisfaction, d'abord présentée sous forme de nostalgie, puis revêtue des plaintes concernant la condition de la femme-mère. N'est-ce pas dans la nature humaine de devoir sans cesse composer avec un sentiment de manque, d'inachevé, s'attachant aux étapes successives de la vie à différentes causes auxquelles on fait porter la responsabilité de cette carence fondamentale?

Freud, dans un de ses derniers écrits, fait état de la permanence de grandes problématiques de fond, confrontant tous les humains à des conflits qui seraient constitutifs de la nature humaine (15). Il dresse un bilan des succès et limites de la psychanalyse, considérant que l'obstacle ultime contre lequel bute la capacité du sujet à se modifier par l'analyse tient à la difficulté, chez les femmes *comme chez les hommes*, d'accepter leur féminité. Ce défi fondamental, nous l'avons retrouvé dans les inquiétudes constantes des trois mères dont nous avons entendu les récits.

11

De mères à filles : le secret de l'éducation

Graziella, Antoinette et Stella sont les actrices principales des histoires que nous avons suivies. Elles ont dessiné les scénarios, décidé de l'entrée en scène des personnages et de l'apparition des thèmes. Elles ne sont pourtant pas les auteurs exclusives de ces narrations. Elles sont les porte-parole de devises très anciennes, proférées bien avant elles par leurs ancêtres. Elles en sont les révélatrices, tout en ajoutant au thème ancien les variations tissées par leur propre histoire. Et si elles ne se sont mises à animer ce théâtre, c'est qu'elles ont été sollicitées par leurs filles, Sofia, Gwen et Sabrina. Par leurs exigences et leurs symptômes, ces dernières ont obligé leurs mères à révéler de façon explicite leurs attentes. C'est parce qu'il y a eu conflit que les mères ont été contraintes de dévoiler ce qu'elles voulaient faire de leurs filles, et c'est parce qu'elles exigeaient quelque chose d'elles que les filles ont produit des symptômes.

Mais ces histoires de femmes n'excluent pas les hommes qui en sont les protagonistes. Les maris ont participé aux thérapies et soutenu l'effort de recherche de leurs femmes, tout en assumant les conflits qui les opposaient. En rendant possible la mise en scène de ces histoires, le thérapeute a facilité l'avènement d'un sens.

Mais il a aussi orienté les thématiques du récit, et le fait qu'il soit un homme a entraîné ces femmes à afficher spontanément la façon dont elles se situaient par rapport à l'autre sexe.

Peu à peu se sont alors dégagées des idées, des préférences, des aversions, que les mères ont progressivement réunies autour de l'enfant. Peu à peu s'est dessiné un ensemble qui prend l'allure d'une théorie de la vie, d'un règlement des conduites, d'un catalogue de valeurs. Bientôt, c'était une véritable création intellectuelle, éthique et affective qui s'inscrivait derrière l'enfant, comme une fresque où elle devrait trouver sa place.

Des devises ont été déclamées, des édits placardés : « Une enfant seule avec sa mère, ce n'est pas bien », ou bien : « C'est honteux d'être gros », ou encore : « La chose la plus importante à apprendre aux enfants est le sens de la liberté. »

Ces déclarations à l'emporte-pièce sont étayées par une morale bien éprouvée et dignes d'un manuel de pédagogie. On appelle cela l'éducation : un discours officiel, plus ou moins partagé par la famille et intégré dans la culture. Mais, en filigrane, apparaissent d'autres prises de position, moins assimilées au discours social, plus clandestines et tout aussi contraignantes. Des positions très individuelles, marquées par une émotion intime et par les souvenirs de l'histoire personnelle. Elles aussi sont transmises, mais « en douce », souvent recouvertes par une « devise » plus officielle. Il s'agit d'idées, de sentiments, de fantasmes liés au fonctionnement du corps, à l'échange affectif, à la sexualité. C'est à ce niveau que les parents transmettent à leurs enfants qui ils *sont*, et pas seulement ce qu'ils voudraient être. Et c'est par la transmission de ces positions secrètes que les parents sculptent leurs enfants, tel Pygmalion ou Michel-Ange, selon leurs talents et leurs aveuglements.

Le secret de la différence

Dans ces trois histoires transparaît un message secret, avec des variations d'une mère à l'autre certes, mais révélant une dimension commune, fondamentale : *la relation entre femmes et hommes.* Ce message-là joue un rôle essentiel dans le processus qui crée la femme à partir de la fille.

Chacune des mères a laissé paraître comment elle ressentait la relation entre les sexes. Chacune a construit son point de vue à partir de son expérience de fillette face à son père ou à son frère, puis a vérifié sa position dans son expérience de femme adulte, lors de ses relations aux hommes, à son mari, puis à son psychothérapeute. Le fait que le thérapeute soit un homme a polarisé ces récits sur la dimension des différences sexuelles : chaque fois qu'une de ces mères parlait « des hommes », elle évoquait simultanément sa relation au thérapeute.

Toutes les trois manifestent, avec des variations individuelles liées à leur histoirc, unc image de l'homme ambivalente. Elles expriment leur déception, comme si elles ressentaient qu'il ne pouvait pas leur donner tout ce qu'elles en attendent. Elles restent vigilantes dans leur rapport de forces avec lui ; elles remettent souvent à l'ordre les hommes qu'elles côtoient (leurs maris, bien sûr, mais aussi le thérapeute) pour assurer le respect de leurs droits. Bien que la condition sociale de la femme se soit améliorée ces trente dernières années, la lutte entre les sexes reste permanente. Il semble bien qu'une dose de litige – peut-être irréductible – doive persister dans les rapports entre les sexes.

La guerre des sexes aura-t-elle donc toujours lieu, même si les conditions socio-politiques devaient garantir une réelle égalité entre l'homme et la femme ? Les relations homme-femme seront-elles toujours marquées par une intentionnalité politique (23), où la répartition des rôles de domination et de soumission reste encore à définir ? Après tout, ce conflit de pouvoir existe dans toute relation humaine ; il suffit de regarder les hommes entre eux... Pourquoi la relation mixte serait-elle épargnée ? L'augmentation du nombre de divorces illustre bien la persistance du litige, même si les femmes y font face avec plus d'initiative que par le passé.

La relation homme-femme est toujours empreinte de conflits, qu'on l'étudie chez les femmes ou chez les hommes. La nature même du désir pour l'autre sexe, pour ce qu'il a de différent, prédispose à ce conflit, fondé sur l'envie et la rivalité. Si l'envie de la femme pour le pouvoir de l'homme a été amplement commentée, on connaît moins la réciproque : l'envie que suscite chez l'homme la grossesse et l'attachement intime mère-bébé. Ce contentieux constitutif doit être sans cesse renégocié au sein du couple et dans les relations sociales. Les solutions de conciliation trouvées par les parents serviront ensuite de lignes de conduite à leurs enfants quand, à leur tour, ils devront se définir par rapport à l'autre sexe.

L'étude de nos trois cas montre que les mères ont l'intuition de leur devoir d'initier leurs filles à l'art de se situer et de se protéger par rapport aux hommes. Et si l'on menait une analyse similaire de la transmission de la *masculinité*, de père à fils, on trouverait la même intention d'enseigner au garçon comment gérer les relations avec les femmes, et les conflits s'y rapportant.

Reconnaître et souligner la permanence de ce litige et les côtés négatifs (en regard des positifs) de cette ambivalence est capital. Car c'est en fonction des côtés négatifs que nos trois mères vont prémunir leurs filles contre les effets de déconvenues et de blessures qu'elles ont elles-mêmes connus. Elles chercheront à protéger leurs filles contre les échecs éventuels qu'elles risquent de rencontrer dans leurs relations hétérosexuelles. Il s'agit bien d'une forme de prévention : dans la construction de la féminité qu'elles leur transmettent, elles cherchent à aguerrir leurs petites filles dès le berceau, soucieuse de les immuniser contre les maux liés à leur condition de femme dans cette incessante lutte entre les sexes.

Cette politique de prévention est facile à repérer chez Graziella, Antoinette et Stella. Graziella se réjouit que Sofia soit forte et insoumise, comme un garçon. Elle cultive avec subtilité l'opposition de sa fille pour la préparer à lutter à armes égales avec les hommes privilégiés. Antoinette aussi obéit à une logique défensive quand, marquée par les terreurs que la séduction de son père lui a inspirées, elle se réjouit de voir Gwen résister à la tentation de la nourriture. Faire de sa fille un androgyne est alors un moyen de la protéger contre le sentiment de manque (induit par son refus de céder à la séduction) et contre les effets de l'attrait engendré par le désir de l'autre sexe. Stella, elle aussi, met en place une stratégie préventive en poussant Sabrina à développer toute l'autonomie dont elle est capable afin de l'armer contre des blessures similaires à celles infligées à sa mère par les hommes qui l'ont abandonnée ou qui ont cherché à la soumettre.

Ni homme ni femme

Nous l'avons vu, ces mères et leurs filles ne supportent pas de se voir réduites aux limites de leur sexe.

Il n'est pas question pour elles que leurs filles se retrouvent, à leur tour, les prisonnières d'une féminité stéréotypée, celle des petites filles qui jouent à la poupée. Elles aimeraient pouvoir être femme ou homme à volonté, ou mieux, les deux à la fois.

Ce désir de complétude traduit un refus de n'être que soi. La dévalorisation de leur représentation de la femme et leur envie des avantages des hommes ne sont pas seules en cause. Il s'agit, plus profondément, d'une volonté d'échapper à *toute limitation* et de s'enivrer à l'idée de pouvoir être soi et son contraire, la femme et l'homme, le blanc et le noir – la jouissance d'être *tout*. C'est ce goût de l'absolu qui pousse Antoinette à vouloir faire de sa fille un être androgyne, et Graziella à envisager un Dieu homosexuel.

C'est bien le mythe de la complétude, de l'être sphérique bisexuel du *Banquet* de Platon (aussi décrit comme androgyne), qui est ici illustré. Tout le monde voudrait échapper à ses limites pour ne pas connaître de faille. « Chacun de nous est une moitié d'homme qui a été séparée de son tout [...] et chaque moitié est toujours en quête de son autre moitié », disait Platon pour définir l'amour. Pour les mères d'aujourd'hui, rien de l'expérience humaine ne doit échapper à leurs filles. Mais, si l'éducation doit viser à réaliser l'égalité des sexes, on sent parfois dans le récit de ces mères, comme dans celui de théoriciennes du féminisme, que seule une *identité* entre les sexes, ou leur confusion androgyne, pourrait assurer à leurs filles le bonheur.

Comment faire pour que cette volonté d'affranchissement des limites traditionnellement imposées aux femmes n'évolue pas vers un totalitarisme destructeur ? Comment se prémunir contre la démesure d'être tout et l'abolition pure et simple de toute différence entre les sexes ? Espérons que les mères pourront transmettre à leurs filles, en même temps qu'une légitimation de leur émancipation, une image de l'homme suffisamment valorisée pour que se perpétue le désir de l'autre sexe. La permanence de ce désir est l'antidote de la tentation d'autosuffisance androgyne. Et dans la perpétuation de ce désir pour l'autre les maris et les pères, eux aussi, devront savoir éduquer leurs filles à les aimer. La responsabilité de l'homme est capitale dans ce maintien du désir et du souci de l'altérité.

Les nouvelles femmes

Graziella, Antoinette et Stella voudraient voir se développer chez leurs filles des qualités qui leur assureraient la maîtrise de leur destinée. Elles les veulent volontaires, autonomes, exerçant pleinement leur liberté. L'identité qu'elles leur impriment ainsi correspond à l'une des devises les plus fondamentales des premiers mouvements féministes : libérons la femme de sa soumission à l'image traditionnelle et à sa physiologie. L'évolution sociale récente de la femme, qui lui a permis d'atteindre plus d'autonomie matérielle et politique, ainsi qu'une plus grande maîtrise de ses cycles biologiques, est bien une réponse à cette revendication. Dans le cadre de cette lutte entre les sexes, Graziella, Antoinette et Stella proposent des solutions différentes, plus ou moins radicales selon que le rapport avec l'homme est plus ou moins litigieux. Ainsi certaines présupposent un respect des différences fondamentales entre les sexes, alors que d'autres voudraient les abolir. Il n'est pas question ici de se prononcer sur le caractère plus ou moins pathologique, ou excentrique, de ces propositions. Il est intéressant, en revanche, de tenter d'en dégager ce qu'on pourrait appeler les représentations de la « nouvelle femme » et de sa relation à l'homme.

Ces trois mères ont certes transmis des codes de conduite mis à l'épreuve par de nombreuses générations de femmes avant elles, mais elles contribuent aussi à créer de futures femmes, dans l'esprit d'une vision nouvelle de la féminité. Dans cette démarche, même si elle est le résultat de conflits homme-femme, elles apportent, par l'éducation qu'elles donnent à leurs filles, une contribution fondamentale à la culture.

Des femmes et des hommes

Parfois, l'encouragement des mères à leurs filles à assumer pleinement leurs ambitions reste clandestin. Elles le font alors de manière détournée. Par exemple, en prônant une forme d'insoumission ou de récrimination, elles cherchent à créer une attitude de *compromis* où se mêlent l'acceptation de formules « traditionnelles » de féminité et une révolte sourde. Elles tendent à perpétuer une insatisfaction qu'elles ont elles-mêmes connue ; on peut alors les soupçonner de ne pas souhaiter *réellement* la réussite de leur fille au-delà de ce qu'elles ont elles-mêmes enduré. Au niveau social, elles perpétuent le décalage entre les avancées obtenues par les femmes et le maintien d'une fidélité à la tradition, contribuant à l'inertie des représentations collectives de la femme et de son identité. Une fois encore, on peut incriminer la culpabilité dans l'hésitation de ses femmes à réaliser pleinement des ambitions rendues possibles aujourd'hui.

D'autres mères sont plus sereines dans la transmission d'un modèle féminin, soit qu'elles s'affranchissent de la fidélité au modèle hérité de leurs mères, soit qu'elles trouvent des formules satisfaisantes réunissant les valeurs traditionnelles qu'elles respectent et les nouvelles aspirations qu'elles peuvent se permettre. Finalement, ce qui fera le succès de leur projet d'éducation à la féminité dépend de la satisfaction qu'elles trouveront *dans la réalisation de leur identité de femme*, d'une part, et *dans la concordance entre leur modèle et celui renvoyé par la culture ambiante*, d'autre part. Cette satisfaction est le résultat d'un long processus dont les ingrédients sont difficiles à déterminer, comme le sont ceux du bonheur.

Sofia, Gwen et Sabrina apprendront chacune à devenir femme selon la vision de l'homme et du rapport entre les sexes que leur ont transmise leurs mères. Chaque mère doit avoir conscience que sa version de l'homme déteint sur celle qui anime l'imaginaire de sa fille. C'est par l'intermédiaire de cette transmission mère-fille que les femmes contribuent à créer une image de l'homme : violente ou sécurisante, admirable ou banale, détachée ou affectueuse. Dans sa création de ce portrait de l'homme, toute fille devra composer avec les colorations que sa mère y a préalablement appliquées.

Mais les mères ne sont pas seules responsables des futures prises de position de leurs filles dans ce domaine. Les filles vont aussi puiser dans l'histoire de la relation à leur père pour élaborer leurs propres images. La présence et les aptitudes paternelles contribueront à cette construction et pourront modifier les représentations – idéalisées ou, au contraire, dénigrées – que la mère aura véhiculées. Si l'influence paternelle sur les choix à venir de sa fille est reconnue dans la sagesse populaire et la littérature spécialisée, on admet plus difficilement que l'exemple du père entre en concurrence avec d'autres archétypes de l'homme, ceux communiqués par les images qui habitent la mère. C'est cette *filiation féminine*, trop souvent passée sous silence, que j'ai tenu à illustrer.

Toutes les mères soufflent des secrets à l'oreille de leurs filles ; ils constituent une base de savoir concernant ce que c'est qu'être femme et – surtout – comment établir les rapports avec les hommes.

Il faut espérer pour la fille que ses deux parents aient réussi à s'entendre assez bien sur la définition des rôles liés au sexe. Que le père ait pu porter une image de femme qui puisse s'accorder avec l'image d'homme transmise par la mère.

Alors seulement, la fille parcourra sereinement sa destinée de future femme : elle affirmera ses prérogatives de femmes sans simultanément dénigrer l'autre sexe ; elle pourra assumer son désir pour l'homme sans le vivre comme une soumission.

C'est une construction commune, par les deux parents, de l'image du couple femme-homme qui sera garante d'une promesse de complétude pour la fille.

Bibliographie

(1) Atkinson, C. W., *The Oldest Vocation : Christian Motherhood in the Middle Ages*, Ithaca, Londres, Cornell University Press, 1991.

(2) Badinter, E., *L'Amour en plus*, Paris, Flammarion, 1980.

(3) Barreau, J.-C., *De l'islam en général et du monde en particulier*, Paris, Le Pré aux Clercs, 1991.

(4) Braunschweig, D., Fain, M., *La Nuit, le jour*, Paris, PUF, 1975.

(5) Brazelton, T. B., Cramer, B., *Les Premiers Liens*, Paris, Stock/Laurence Pernoud-Calmann-Lévy, 1991.

(6) Bruner, J., « Early Social Interaction and Language Acquisition », *in* Schaffer (ed), *Studies in Mother-Infant Interaction*, Londres, Academic Press, 1979.

(7) Cramer, B., *Profession bébé*, Paris, Calmann-Lévy, 1989.

(8) Cramer, B., Palacio-Espasa, F., *La Pratique des psychothérapies mères-bébés*, Paris, PUF, 1993.

(9) De Beauvoir, S., *Le Deuxième Sexe*, Paris, Gallimard, 1949.

(10) Delaisi de Parseval, G., *La Part du père*, Paris, Le Seuil, 1981.

(11) EHRENREICH, B., ENGLISH, D., *For Her Own Good. 150 Years of the Expert's Advice to Women*, Londres, Pluto Press, 1979.
(12) FERBER, R., *Protégez le sommeil de votre enfant*, Paris, ESF, 1990.
(13) FREUD, S., *La Vie sexuelle*, Paris, PUF, 1969.
(14) FREUD, S., *Cinq Leçons sur la psychanalyse*, Paris, Payot, 1924.
(15) FREUD, S., *Analysis Terminable and Interminable*, Londres, Hogarth Press, 1964, vol. XXIII.
(16) FRIEDAN, B., *The Feminine Mystique*, New York, Norton, 1963.
(17) KING, Y., citée dans BASSIN, D., HONEY, M., KAPLAN, M. M. (eds), *Representations of Motherhood*, New Haven, Londres, Yale University Press, 1994.
(18) KNIBIEHLER, Y., FOUQUET, C., *Histoire des mères du Moyen Age à nos jours*, Paris, Montalba, 1980.
(19) MEAD, M., *Sex and Temperament in Three Primitive Societies*, New York, William Morrow, 1935.
(20) MICHELET, J., *L'Amour*, Paris, Hachette, 1873.
(21) MICHELET, J., *Nos fils*, Paris, Librairie internationale, 1870.
(22) MILLER, A., *C'est pour ton bien*, Paris, Aubier, 1984.
(23) MILLET, K., *Sexual Politics*, Londres, Sphere Books, 1971.
(24) MITCHELL, J., *Women's Estate*, New York, Random House, 1971.
(25) RICH, A., *Of Woman Born*, New York, Norton, 1979.
(26) ROUSSEAU, J.-J., *L'Emile, ou de l'éducation*, Paris, [1762], Garnier-Flammarion, 1966.
(27) ROUSSEL, L., *La Famille incertaine*, Paris, Odile Jacob, 1989.

(28) RUDDICK, S., *Maternal Thinking*, Boston, Bacon Press, 1989.

(29) SCHWARTZ, A., « Taking the Nature out of Women », *in* BASSIN, D., HONEY, M., KAPLAN, M. M. (eds), *Representations of Motherhood*, New Haven, Londres, Yale University Press, 1994.

(30) SPOCK, B., *The Pocket Book of Baby and Child Care*, New York, Pocket Books, 1946.

(31) SAINT AUGUSTIN, *La Cité de Dieu*, Paris, 1855.

(32) VERDIER-HEURTIN, *Discours sur l'allaitement*, 1804.

Table des matières

COLLECTION
LE PASSÉ RECOMPOSÉ
DIRIGÉE PAR JACQUES ANGELERGUES ET YVES MANELA

L'inconscient est hors du temps, il incombe au psychanalyste de l'inscrire ainsi dans le temps de chacun.

Francis PASCHE

Profession bébé, Bertrand Cramer, 1989.
Les Adieux à l'enfance, Alain Braconnier, 1990.
Les Premiers liens, T. Berry Brazelton et Bertrand Cramer, en coédition avec Stock-Laurence Pernoud, 1991.
Oubliés des fées, Françoise Weil-Halpern, 1991.
Un cri obscur, Denys Ribas, 1992.
Journal d'un bébé, Daniel Stern, 1992.
Peter Pan ou l'enfant triste, Kathleen Kelley-Lainé, 1992.
Bébé blues, Pascale Rosfelter, 1993.
La Douleur de l'enfant, Annie Gauvain-Piquard et Michel Meignier, 1993.
Dinosaur Man, Susan Baur, 1993.
Les livres, c'est bon pour les bébés, Marie Bonnafé, 1994.
Neuf mois pour être père, Roger Teboul, 1994.
Les Couleurs du silence, Zerdalia K. S. Dahoun, 1995.
Les Bleus de l'âme, Alain Braconnier, 1995.
L'Enfant qui ne disait rien, Laurent Danon-Boileau, 1995.

Cet ouvrage a été réalisé par la
SOCIÉTÉ NOUVELLE FIRMIN-DIDOT
Mesnil-sur-l'Estrée
pour le compte des Éditions Calmann-Lévy
le 5 janvier 1996

Cet ouvrage a été réalisé par la
SOCIÉTÉ NOUVELLE FIRMIN-DIDOT
Mesnil-sur-l'Estrée
pour le compte des Éditions Calmann-Lévy
le [illegible] janvier 1990

Imprimé en France
Dépôt légal : janvier 1996
N° d'édition : 12205/01 – N° d'impression : 32614